Elogios para

Elimine a Pressa Definitivamente

"Por estar muito familiarizado com a 'doença da pressa', preciso deste livro desesperadamente."

— Scott Harrison, autor de *Thirst*, best-seller do *New York Times*.

"John Mark Comer é um líder, orador e escritor com um imenso talento. Você encontrará muitos bons conselhos neste livro."

— Nicky Gumbel, pároco da Holy Trinity Brompton, de Londres.

"Necessário. Libertador."

— Annie F. Downs, autora do best-seller *100 Days to Brave*.

"Uma geração nunca precisou tanto de um livro como este. John Mark escreveu, de maneira linda, um remédio para nossas almas cansadas e sobrecarregadas."

— Jeremy e Audrey Roloff, autores de *A Love Letter Life*, best-seller do *New York Times*.

"Um cara ótimo; e um livro melhor ainda!"

— Bob Goff. Autor de *Love Does* e *Everybody, Always*, best-sellers do *New York Times*.

"O livro *Elimine a Pressa Definitivamente* é revigorante, revitalizador e um choque para o sistema. Escrito de maneira linda e convincente, é uma mensagem profética para nosso tempo."

— Pete Greig, fundador do movimento *24-7 Prayer* e pastor sênior da Emmaus Rd, em Guildford, RU.

"Não encontramos melhor diálogo ou antídoto do que as palavras de John Mark para o problema da pressa e da ocupação que assolam nossa cultura. Este livro é muito mais que útil e motivador!"

— Alyssa e Jefferson Bethke, autores de *Love That Lasts*, best-seller do *New York Times*.

"John Mark Comer deu um presente para a igreja. Este livro é profético, prático e profundamente revigorante. Ele confronta a idolatria da velocidade, que tem causado tanto trauma emocional e relacional, e apresenta um caminho de esperança a seguir, o desejo e a visão de uma vida mais bonita."

— Jon Tyson, pastor principal da *Church of the City of New York* e autor de *The Burden is Light*.

"A transparência de John Mark Comer, ao ir direto ao ponto, nos convida a reconsiderar como vivemos nossas vidas: se não eliminarmos a ocupação de nossa vida, acabaremos eliminando nossa alma. *Elimine a Pressa Definitivamente* vai inspirá-lo a fazer escolhas difíceis de forma prática e a melhorar sua trajetória."

— Gabe Lyons, presidente da *Q Ideas*.

"Viver como um seguidor de Jesus espiritual e mentalmente saudável em nossa cultura tecnológica e controlada por nossas agendas é, no fim das contas, bastante difícil. Neste livro, John Mark Comer compartilha um apelo prático, pessoal e desafiador para imaginarmos novas formas de seguir o caminho de Jesus em nossas vidas."

— Tim Mackie, cofundador do *Bible Project*.

ELIMINE A PRESSA

JOHN MARK COMER
Pastor de ensino e visão na *Bridgetown Church*

ELIMINE A ~~PRESSA~~
DEFINITIVAMENTE

Prefácio de John Ortberg
Autor cristão e palestrante evangélico

ALTA BOOKS
GRUPO EDITORIAL
Rio de Janeiro, 2023

Elimine a Pressa Definitivamente

Copyright © 2023 da Starlin Alta Editora e Consultoria Eireli.
ISBN: 978-65-5520-221-2

Translated from original The Ruthless Elimination of Hurry. Copyright © 2006 by Crossway Bibles. ISBN 978-0-525-65309-7. This translation is published and sold by permission of Good News Publishers, the owner of all rights to publish and sell the same. PORTUGUESE language edition published by Starlin Alta Editora e Consultoria Eireli, Copyright © 2023 by Starlin Alta Editora e Consultoria Eireli.

Impresso no Brasil — 1ª Edição, 2023 — Edição revisada conforme o Acordo Ortográfico da Língua Portuguesa de 2009.

Dados Internacionais de Catalogação na Publicação (CIP) de acordo com ISBD

C732e Comer, John Mark
Elimine a Pressa Definitivamente / John Mark Comer ; traduzido por Ana Paula do Amaral. – Rio de Janeiro : Alta Books, 2023.
288 p. ; 16cm x 23cm.

Tradução de: The Ruthless Elimination of Hurry
ISBN: 978-65-5520-221-2

1. Autoajuda. 2. Pressa. I. Parga, Cristina. II. Título.

CDD 158.1
CDU 159.947

2022-1295

Elaborado por Vagner Rodolfo da Silva – CRB-8/9410

Índice para catálogo sistemático:
1. Autoajuda 158.1
2. Autoajuda 159.947

Todos os direitos estão reservados e protegidos por Lei. Nenhuma parte deste livro, sem autorização prévia por escrito da editora, poderá ser reproduzida ou transmitida. A violação dos Direitos Autorais é crime estabelecido na Lei nº 9.610/98 e com punição de acordo com o artigo 184 do Código Penal.

A editora não se responsabiliza pelo conteúdo da obra, formulada exclusivamente pelo(s) autor(es).

Marcas Registradas: Todos os termos mencionados e reconhecidos como Marca Registrada e/ou Comercial são de responsabilidade de seus proprietários. A editora informa não estar associada a nenhum produto e/ou fornecedor apresentado no livro.

Erratas e arquivos de apoio: No site da editora relatamos, com a devida correção, qualquer erro encontrado em nossos livros, bem como disponibilizamos arquivos de apoio se aplicáveis à obra em questão.

Acesse o site **www.altabooks.com.br** e procure pelo título do livro desejado para ter acesso às erratas, aos arquivos de apoio e/ou a outros conteúdos aplicáveis à obra.

Suporte Técnico: A obra é comercializada na forma em que está, sem direito a suporte técnico ou orientação pessoal/exclusiva ao leitor.

A editora não se responsabiliza pela manutenção, atualização e idioma dos sites referidos pelos autores nesta obra.

Produção Editorial
Grupo Editorial Alta Books

Diretor Editorial
Anderson Vieira
anderson.vieira@altabooks.com.br

Editor
José Ruggeri
j.ruggeri@altabooks.com.br

Gerência Comercial
Claudio Lima
claudio@altabooks.com.br

Gerência Marketing
Andréa Guatiello
andrea@altabooks.com.br

Coordenação Comercial
Thiago Biaggi

Coordenação de Eventos
Viviane Paiva
comercial@altabooks.com.br

Coordenação ADM/Finc.
Solange Souza

Coordenação Logística
Waldir Rodrigues

Gestão de Pessoas
Jairo Araújo

Direitos Autorais
Raquel Porto
rights@altabooks.com.br

Produtor Editorial
Thiê Alves

Produtores Editoriais
Illysabelle Trajano
Maria de Lourdes Borges
Paulo Gomes
Thales Silva

Equipe Comercial
Adenir Gomes
Ana Carolina Marinho
Ana Claudia Lima
Daiana Costa
Everson Sete
Kaique Luiz
Luana Santos
Maira Conceição
Natasha Sales

Equipe Editorial
Ana Clara Tambasco
Andreza Moraes
Arthur Candreva
Beatriz de Assis
Beatriz Frohe

Betânia Santos
Brenda Rodrigues
Caroline David
Erick Brandão
Elton Manhães
Fernanda Teixeira
Gabriela Paiva
Henrique Waldez
Karolayne Alves
Kelry Oliveira
Lorrahn Candido
Luana Maura
Marcelli Ferreira
Mariana Portugal
Matheus Mello
Milena Soares
Patricia Silvestre
Viviane Corrêa
Yasmin Sayonara

Marketing Editorial
Amanda Mucci
Guilherme Nunes
Livia Carvalho
Pedro Guimarães
Thiago Brito

Atuaram na edição desta obra:

Tradução
Ana Paula do Amaral

Copidesque
Vanessa Schreiner

Revisão Gramatical
Aline Vieira
Luciana Ferraz

Diagramação
Lucia Quaresma

Capa
Cristiane Saavedra

Editora afiliada à:

Rua Viúva Cláudio, 291 – Bairro Industrial do Jacaré
CEP: 20.970-031 – Rio de Janeiro (RJ)
Tels.: (21) 3278-8069 / 3278-8419

ALTA BOOKS
GRUPO EDITORIAL

www.altabooks.com.br — altabooks@altabooks.com.br
Ouvidoria: ouvidoria@altabooks.com.br

Para Dallas Willard — obrigado.

Agradecimentos

A T, amo você.

A Jude, Moto e Sunday, não vejo a hora do próximo Sabbath.

À nossa comunidade "love feasts" (Normans, Smits, Hooks, Petersons, Mossers, Pam, Hanna).

Aos Comers e aos Jaureguis — família!

John Ortberg pelo melhor almoço da minha vida.

A "Chris e Meryl".

Ao Dr. Jim, ninja da mente.

A Dave Lomas, pelos telefonemas
de
sexta-feira.

À Fraternidade de Searock (Dave, Jonny, Pete, Tim, Al, Darren, Todd, Mark, Tyler, Jon,

Evan). Amo todos vocês profundamente.
Os vejo em maio.

À Bridgetown Church e sua equipe, por me darem
tempo para escrever (e outras zilhões
de coisas).

A G.

A Bethany, por ser a pessoa mais encorajadora
que conheço.

A R.W.P.

A Mike S. e a galera do Y&Y.

A todos em WaterBrook, pessoas que tornaram este
livro possível.

Meu amor e gratidão a todos vocês são muito,
muito profundos.

xvii   Prefácio

1   Prólogo: Autobiografia de uma epidemia

Parte um: O problema

17   Pressa: A grande inimiga da vida espiritual
29   Uma breve história sobre a velocidade
43   Algo está profundamente errado

Parte dois: A solução

57   Dica: A solução não é mais tempo
71   O segredo do jugo suave
85   Estamos realmente falando sobre uma regra de vida

Parte três: Quatro práticas para desacelerar sua vida

109   Silêncio e solidão
133   Sabático
165   Simplicidade
205   Desacelerando
231   Epílogo: Uma vida tranquila

245   Exercício

247   Notas

267   Um pouco sobre mim

Venham a mim,
todos os que estão cansados e
sobrecarregados,
e eu lhes darei descanso. Tomem
sobre vocês o meu jugo e
aprendam de mim, pois sou manso
e humilde de coração, e
vocês encontrarão descanso para
as suas almas.
Pois o meu jugo é suave
e o meu fardo é leve.

– Jesus em
Mateus 11, 28–30

Prefácio

O melhor e mais inteligente homem que conheci anotou alguns de seus pensamentos sobre a pressa; acho que eles foram pendurados em sua cozinha quando ele morreu. "A pressa", ele escreveu, "envolve velocidade excessiva ou um estado de urgência. É associada a palavras como *pressionar, pressão, compressa* e *precipitação*". Ele a definiu como um "estado de esforço desenfreado em que uma pessoa entra como consequência de se sentir inadequada, com medo ou culpada". A essência da pressa é *ter muitas coisas para fazer*! A parte boa de estarmos livres da pressa não é o simples prazer, mas a habilidade de fazer com calma e eficiência — com força e alegria — aquilo que realmente importa. "Devemos tornar nosso objetivo", ele escreveu, "viver nossas vidas de forma completa e sem pressa. Devemos formar uma intenção clara de viver sem pressa. Um dia de cada vez. Começando a partir de hoje".

Devemos formar uma imagem mental do nosso lugar no mundo diante de Deus. Isso nos coloca em um contexto diferente. O Salmo 23 não diz "O Senhor é meu pastor, por isso tenho que correr mais rápido". Pastores raramente correm. Pelo menos os bons. Ele disse para começar a eliminar coisas que você "precisa" fazer. Ele disse que era importante não ter medo de "fazer coisa alguma". Disse para se planejar nessas ocasiões. Disse que seria importante lidar com o pânico de não estar ocupado. Para se permitir estar em pânico, senti-lo passar por você sem tentar lutar contra ele.

John Mark Comer escreveu uma palavra profética para nosso tempo. Ele é envolvente, honesto, culto, engraçado e humilde. Ele nos leva a uma grande encruzilhada. Escolher viver uma vida sem pressa, atualmente, é como fazer um voto de pobreza nos séculos anteriores; é amedrontador. É um ato de fé. Mas há riquezas mais intensas do outro lado. Estar na presença de uma pessoa cuja pressa (assim como Elvis) "caiu fora" é uma maneira de se inspirar na possibilidade de um tipo diferente de Vida.

Fui surpreendido pelo dom da sabedoria espalhado neste livro: "Todos os meus piores momentos (…) acontecem quando estou com pressa". "Amor, alegria e paz (…) são incompatíveis com a pressa". "O usuário médio do iPhone pega seu celular 2.617 vezes *por dia*". (Como contraponto, o salmista disse, "Sempre tenho o Senhor diante de mim" [Salmos 16:8]. Como seria a minha vida se Deus tocasse minha mente com a mesma frequência em que toco meu celular?) A liberdade talvez nunca venha sem um custo muito alto. E John Mark é alguém que fez escolhas que envolveram um custo, para ir em busca da vida que está além de qualquer custo. Ele conhece tanto o esforço quanto a escolha, então pode falar para aqueles que sentem fome e sede.

Vinte séculos atrás, outro homem sábio disse, "(…) aproveitando ao máximo cada oportunidade, porque os dias são maus." (Efésios, 5:16). Eu costumava achar que isso queria dizer que os dias são repletos de sensualidade e tentação da carne. E certamente são. Mas acho que isso quer dizer, em geral, que a vida deve ser vivida em seu próprio tempo. E que estamos tão acostumados com dias espiritualmente medíocres — vividos com irritação, medo, preocupação consigo mesmo e frenesi —, que desperdiçamos nossa vida com a pressa.

Por isso, estas páginas contêm o Grande Convite. Respire fundo. Deixe seu celular de lado. Permita que seu coração desacelere. Permita que Deus tome conta de seu mundo.

— John Ortberg.

Prólogo: Autobiografia de uma epidemia

É domingo à noite, 22 horas. Estou com a cabeça encostada na janela de um Uber, cansado demais até para me sentar ereto. Lecionei seis vezes hoje — sim, *seis*. A igreja em que sou pastor acrescentou *mais um* culto. Mas é preciso fazer, certo? Arranjar espaço para mais pessoas? Consegui chegar até o quarto culto; não me lembro de nada depois disso. Estou muito mais do que cansado — emocional, mental e espiritualmente.

A primeira vez que conseguimos realizar seis cultos, liguei para um pastor de uma mega igreja na Califórnia que já fazia seis há um tempo.

"Como você dá conta?", perguntei.

"Fácil", ele disse. "É como correr uma maratona uma vez por semana".

"Certo, obrigado".

Desliguei.

Espere… Correr uma maratona não é superdifícil?

Começo a correr distâncias maiores.

Ele tem um caso e abandona a igreja.

Isso não é um bom presságio para meu futuro.

Já em casa, janto muito tarde. Não consigo dormir; aquela sensação de estar extremamente cansado, mas muito pilhado. Abro uma cerveja. No sofá, assisto a um filme esquisito de kung fu que ninguém nunca ouviu falar. Em chinês, com legendas. Keanu Reeves é o vilão.[1] Amo o Keanu. Dou um suspiro; ultimamente tenho terminado a maior parte das minhas noites desse jeito, no sofá, muito depois de o resto da família ter ido dormir. Nunca tinha sequer me interessado por kung fu antes; isso me deixa nervoso. Será esse o prenúncio de uma doença mental?

"Tudo começou quando ele ficou obcecado por filmes independentes de artes marciais…"

Mas o fato é que me sinto como um fantasma. Meio vivo, meio morto. Mais anestesiado do que qualquer outra coisa; murcho, como se tivesse apenas uma dimensão. Emocionalmente, vivo com uma subcorrente de ansiedade constante que raramente me abandona e uma pitada de tristeza; mas, na maior parte do tempo, me sinto só um pouco desconfortável espiritualmente… vazio. É como se minha alma estivesse oca.

Minha vida é tão *rápida*. E eu gosto de velocidade. Tenho personalidade tipo A. Sou motivado. O tipo de cara que faz as coisas. Mas já ultrapassamos esse ponto agora. Trabalho seis dias por semana, desde muito cedo até muito tarde e, *mesmo assim,* não dá tempo de fazer tudo. Pior, eu me sinto *apressado*. Como se estivesse atravessando os dias tão ocupado com a vida que acabo perdendo cada momento. E o que é a vida senão uma série de momentos?

Mais alguém? Não posso ser o único...

É segunda-feira de manhã. Acordo cedo. Estou com pressa para chegar ao escritório. Sempre com pressa. Outro dia de reuniões. Odeio reuniões! Sou introvertido e criativo e, como a maioria dos millenials, fico facilmente entediado. Marcar muitas reuniões comigo é uma péssima ideia para todos os envolvidos. Mas nossa igreja se expandiu muito rapidamente, e isso é parte do problema. Hesito em dizer isso porque, acredite em mim, é um pouco embaraçoso: tivemos mais de mil novos membros por ano durante sete anos, sem parar. Achei que isso era o que eu queria. Quer dizer, uma igreja que se expande rápido é o sonho de todos os pastores. Mas algumas lições aprendemos melhor do jeito mais difícil: no fim das contas, não *quero* mesmo ser o CEO/diretor executivo de uma empresa sem fins lucrativos/especialista em RH/guru de estratégias/líder dos líderes dos líderes etc.

Entrei nessa para ensinar o caminho de Jesus.

É *esse* o caminho de Jesus?

Falando em Jesus, tenho esse pensamento terrível espreitando meu subconsciente. Esse zumbido em minha consciência que não vai embora.

Quem estou me tornando?

Acabei de chegar aos 30 (nível três!), então já tenho um pouco de experiência. O suficiente para traçar uma trajetória e planejar minha jornada interior para as décadas seguintes.

Prólogo: Autobiografia de uma epidemia   3

Eu paro.

Respiro.

E me imagino aos 40, 50, 60 anos.

Não é uma boa perspectiva.

Vejo um homem "bem-sucedido", mas nas medidas erradas: tamanho da igreja, venda de livros, convites para palestras, status social etc., e o novo sonho norte-americano — ter a própria página na Wikipédia. Apesar de todo o meu papo sobre Jesus, vejo um homem que não é emocionalmente saudável e que é raso espiritualmente. Ainda estou casado, mas é por obrigação, não por prazer. Meus filhos não querem saber da minha igreja; ela foi a amante escolhida pelo pai, uma amante ilícita para onde eu fugia para esconder a dor das minhas feridas. Vejo basicamente quem sou hoje em dia, porém mais velho e pior: estressado no limite, estourando depressa com as pessoas que mais amo, infeliz, pregando um estilo de vida que soa melhor do que é de verdade.

Ah, e sempre *com pressa*.

Para que essa correria para me tornar alguém de quem nem gosto?

E a resposta me atinge como um trem de carga: nos Estados Unidos, você pode ser um sucesso como pastor e um fracasso como aprendiz de Jesus; você pode ganhar uma igreja e perder sua alma.

Não quero que essa seja minha vida...

Adiante três meses: estou num avião voltando de Londres para casa. Passei a semana aprendendo com meus carismáticos amigos anglicanos sobre a vida no Espírito; é como uma dimensão completamente diferente que eu não estava aproveitando. Mas, a cada milha rumo ao oeste, estou voltando para uma vida que me assusta.

Na noite antes de irmos embora, um cara que conheci, Ken, orou por mim em seu sotaque inglês chique; ele tinha uma palavra sobre eu chegar a uma bifurcação no caminho. Uma estrada era asfaltada e levava a uma cidade iluminada. A outra era uma estrada de terra que levava a uma floresta; ela me levava em direção ao escuro, ao desconhecido. Devo escolher a estrada de terra.

Não tenho sequer ideia do que isso quer dizer. Mas quer dizer *algo*! Isso eu sei. Enquanto ele falava, senti o tremor de uma divindade subordinada em minha alma. Mas o que Deus está me dizendo?

Estou lendo meus e-mails; aviões são bons para isso. Estou atrasado, como de costume. Más notícias novamente; diversos membros da equipe estão chateados comigo. Começo a questionar toda essa história de mega igreja. Não tanto o tamanho da igreja, mas a *forma* como a estamos liderando.[2] É para ser assim? Um monte de gente vindo à igreja para escutar uma palestra e voltando para suas vidas superocupadas? Mas minhas perguntas parecem raivosas e arrogantes. Estou tão doente emocionalmente que estou jorrando toxinas em nossa pobre equipe.

Qual é aquele axioma de liderança?

"A igreja é o reflexo de seus líderes".[3]

Droga, espero de verdade que a igreja não fique como eu.

Prólogo: Autobiografia de uma epidemia

Sentado no assento 21C, no corredor, pensando em como responder a mais um e-mail tenso, um novo pensamento surge em minha mente. Talvez seja o ar rarefeito a 30 mil pés de altura, mas acho que não. Esse pensamento tem tentado escapar há meses, senão anos, mas não permiti. É muito perigoso. É uma ameaça muito grande ao *status quo.* Mas chegou o momento de libertá-lo, soltá-lo ao vento.

Aqui está ele: *E se eu mudasse minha vida?*

Após outros três meses e mil conversas difíceis, tendo arrastado cada pastor, mentor, amigo e membro de minha família para dentro do vórtice da decisão mais importante que já tomei, estou sentado em uma reunião com os anciões. O jantar terminou, estamos apenas eu e os líderes centrais. É esse o momento. Daqui para a frente, minha autobiografia será dividida entre as categorias "antes" e "depois".

"Eu me demito", falo.

Bem, não é exatamente uma demissão. Não estou saindo. Somos uma igreja multilocal. (Como se só uma igreja não fosse mais do que suficiente para um cara como eu liderar.) Nossa maior igreja fica no subúrbio; passei os últimos dez anos da minha vida lá, mas meu coração sempre esteve na cidade grande. Desde o ensino médio, me lembro de dirigir meu Volkswagen Bus de 1977 para cima e para baixo na Twenty-Third Street e sonhar com uma igreja no centro da cidade.[4] Nossa igreja lá é menor. Muito menor. E em solo *bem* mais árido; a cidade de Portland é uma terra das maravilhas seculares — lá todas as cartas estão contra você. Mas é lá que sinto a gravidade do Espírito pesar sobre mim.

Então não é uma demissão, é mais um rebaixamento. Quero liderar uma igreja de cada vez. É um conceito novo, não é? Meu sonho é desacelerar, simplificar minha vida até o limite do tolerável. Quero ir andando ao trabalho. Quero redefinir as medidas do sucesso. Quero focar mais em quem estou me tornando como aprendiz de Jesus. Posso fazer isso?

Eles dizem que sim.

(Mas, na verdade, devem estar pensando: *"Finalmente"*.)

As pessoas vão falar (elas sempre falam): Ele não conseguia acompanhar (verdadeiro). Não era inteligente o suficiente (falso). Ele não era tão resistente assim (certo, quase verdadeiro). Ou então, aqui vai uma que ouvirei durante meses: Ele está virando as costas para o chamado de Deus para sua vida. Desperdiçando seu dom na obscuridade. Adeus.

Eles que falem; tenho novas medidas agora.

Finalizo uma década na igreja. Minha família e eu saímos em um ano sabático. Esse é claramente um ato de graça. Passo a primeira parte em coma, mas aos poucos desperto novamente para minha alma. Volto para uma igreja muito menor. Nos mudamos para a cidade grande; vou andando para o trabalho. Começo a fazer terapia. Uma palavra para isso: uau! No fim das contas, preciso muito de terapia. Foco na minha saúde emocional. Trabalho menos horas. Saio com minha esposa. Jogo Lego Star Wars com meus filhos. (Faço isso por eles, de verdade.) Pratico o Sabático. Desintoxico de Netflix. Começo a ler livros de ficção pela primeira vez desde o ensino médio. Passeio com o cachorro antes de dormir. Sabe como é, eu *vivo*.

Prólogo: Autobiografia de uma epidemia

Parece ótimo, não é? Até mesmo utópico? Não mesmo. Eu me sinto mais como um viciado em drogas tentando largar o vício em metanfetamina. Quem sou eu sem a megaigreja? Uma fila de pessoas querendo me encontrar? Uma corrente de e-mails tarde da noite? É difícil largar uma vida repleta de velocidade. Mas, com o tempo, eu me desintoxico. Sem fogos de artifício no céu. A mudança é lenta, gradual e intermitente; três passos para a frente, um ou dois para trás. Alguns dias faço tudo certo; em outros, caio na armadilha da pressa outra vez. Mas, pela primeira vez em anos, estou indo em direção à maturidade, pouco a pouco. Tornando-me cada vez mais como Jesus. E mais parecido com o melhor que consigo ser.

Melhor ainda: consigo sentir Deus novamente.

Sentir minha alma.

Estou na estrada de chão sem nenhuma pista do lugar aonde ela leva, mas está tudo bem. Honestamente, dou mais valor para quem estou me tornando do que aonde vou chegar. E, pela primeira vez em anos, estou sorrindo para o horizonte.

Minha ida de Uber para casa para assistir ao filme com Keanu Reeves foi cinco anos e muitas vidas atrás. Muita coisa mudou desde então. Este livro nasceu de minha autobiografia curta e um pouco monótona, minha jornada de abandonar uma vida com pressa para abraçar uma vida com… bem, algo diferente.

De certa forma, não sou a pessoa mais indicada para escrever sobre pressa. Sou o cara que, no semáforo, muda da faixa com três carros para a faixa com dois; o cara que se gaba de ser o "primeiro a chegar no escritório e o último a ir embora"; o cara que anda rápido, fala rápido e faz várias coisas ao mesmo tempo, cronicamente viciado em velocidade (esclarecendo, não um *viciado* de verdade). Ou pelo menos eu era. Não sou mais. Encontrei uma saída daquela vida. Então talvez agora eu seja a melhor pessoa para escrever um livro sobre pressa? Você é quem vai decidir.

Não conheço sua história. A probabilidade é que você não seja um ex-pastor de uma megaigreja que sofreu com a Síndrome do Burnout e teve uma crise da meia-idade aos 33 anos. É mais provável que você seja um universitário, ou um citadino de Chicago no auge de seus 20 e poucos anos, ou um corretor de seguros de meia-idade em Minnesota. É provável que esteja começando agora sua vida ou tentando seguir em frente.

O filósofo alemão nascido na Coreia, Byung-Chul Han, finaliza seu livro *Sociedade do Cansaço* com uma observação assombrosa para muitas pessoas do mundo ocidental: "Eles estão vivos demais para morrer e mortos demais para viver".[5]

Este era eu para minha esposa.

Essa pessoa é você? Mesmo que um pouquinho?

Todos temos nossa história de tentar nos manter sãos na era dos iPhones e do Wi-Fi, do ciclo ininterrupto de notícias, da urbanização e das rodovias com dez faixas e com trânsito de destruir almas, do barulho incessante e de um estilo de vida frenético a 150 quilômetros por hora, que apenas manda ir, ir, *ir*...

Pense neste livro como se estivéssemos em um encontro para tomar uma xícara de café de Portland (o meu preferido é um bom queniano da Heart on Twelfth) e pense em mim como se eu estivesse falando sobre tudo o que aprendi nos últimos anos sobre como navegar as águas traiçoeiras do que o filósofo francês Gilles Lipovetsky chama de mundo "hipermoderno".[6]

Mas, honestamente: tudo o que tenho para oferecer, peguei "emprestado" da vida e das lições de Jesus de Nazaré, meu rabino, entre muitas outras coisas.

O convite de Jesus de que eu mais gosto chega até nós por meio do evangelho de Mateus:

> Venham a mim, todos os que estão cansados e sobrecarregados, e eu lhes darei descanso. Tomem sobre vocês o meu jugo e aprendam de mim, pois sou manso e humilde de coração, e vocês encontrarão descanso para as suas almas. Pois o meu jugo é suave e o meu fardo é leve.[7]

Você se sente "cansado"?

E que tal "sobrecarregado"?

Alguém se sente cansado até os ossos, não só no corpo ou na mente, mas na *alma*?

Se sim, você não está sozinho.

Jesus convida todos nós a tomarmos o jugo "suave". Ele tem — e oferece a todos — uma forma fácil de suportar o peso da vida com seu triunvirato de amor, alegria e paz. Como Eugene Peterson traduziu a fala icônica de Jesus: "viver livre e sem peso".[8]

E se o segredo para uma vida feliz — e é um segredo, um que está às claras, mas continua sendo um segredo; que outro motivo para tanta gente não conhecê-lo? — não estiver "lá fora", mas muito mais perto? E se tudo o que você precisasse fazer fosse desacelerar o suficiente para o borrão do carrossel da vida entrar em foco novamente?

E se o segredo para a vida que ansiamos for, na verdade, "suave"?

Agora deixe-me esclarecer algumas coisas antes de começarmos:

Em primeiro lugar, eu não sou você. Apesar de ser ostensivamente óbvio, isso precisa ser dito. Imagino que esse manifesto antipressa incomodará alguns de vocês; eu mesmo fiquei incomodado no início. Ele expõe o anseio profundo em todos nós por uma vida que seja diferente daquela que vivemos atualmente. A tentação será tentar me anular porque não sou realista ou se distanciar da realidade:

Ele não faz ideia de como é ser uma mãe solteira com dois empregos para conseguir pagar as contas e o aluguel todo mês.

Você está certa; não faço ideia.

Ele está completamente fora da realidade da vida de um executivo em evolução social no mercado de trabalho.

Isso pode ser verdade.

Ele não entende como são as coisas em minha cidade/nação/geração.

Posso não entender.

Simplesmente peço que me escutem.

Em segundo lugar, não sou Jesus. Apenas um de seus vários aprendizes que está lutando há um tempo. Mais uma vez, isso é óbvio. Meu plano para nosso tempo juntos é simples: passar adiante algumas das melhores coisas que aprendi sentado aos pés do mestre. Um homem cujos amigos mais próximos diziam que tinha sido ungido com o óleo de alegria mais do que qualquer outro de seus companheiros.[9] Ou seja, ele era a pessoa mais feliz do mundo.

A maioria de nós sequer *pensa* em buscar em Jesus conselhos sobre como ser feliz. Para isso, buscamos o Dalai Lama, o estúdio de mindfulness mais próximo ou as aulas de psicologia positiva de Tal Ben-Shahar em Harvard. Todos eles dizem coisas boas, e sou grato por isso. Mas Jesus está em uma classe só dele; pode compará-lo a qualquer professor, tradição ou filosofia — religiosa ou secular, antiga ou moderna — de Sócrates a Buda, de Nietzsche a seu mestre de yoga que faz podcasts. Para mim, Jesus continua sendo o professor mais brilhante, mais intuitivo, mais estimulante que já andou por essa terra. E ele andava *lentamente* (mais sobre isso daqui a pouco). Então, em vez de apertar os cintos, simplesmente fique confortável.

Com isso, finalmente, deixe-me ser claro: Se você busca algo muito rápido, este livro não é para você. Na verdade, você sequer tem tempo de ler um livro; talvez passar o olho no primeiro capítulo? Então é melhor continuar fazendo isso.

Se você busca uma solução rápida ou uma fórmula de três passos com um acrônimo simples, este livro também não é para você. Não existe uma poção mágica para a vida. Não existe um "jeitinho" para sua alma. A vida é extraordinariamente complexa. A mudança é mais complexa ainda. Qualquer um que diga outra coisa está tentando lhe vender algo.

Mas...

Se você está cansado...

Se cansou da vida que tem levado...

Se você esconde uma suspeita de que existe um modo melhor de ser humano...

Que você pode estar meio perdido...

Que as medidas para o sucesso que nossa cultura lhe impôs podem estar distorcidas...

Que o tal "sucesso" pode acabar se tornando um fracasso...

Acima de tudo, se chegou sua hora e se você está pronto para embarcar em uma jornada contraintuitiva e *extremamente* contracultural para explorar sua alma dentro do reino da realidade...

Então, aproveite a leitura. Este livro não é longo ou difícil de entender. Mas temos alguns segredos para lhe contar...

Parte um:

O problema

Pressa: A grande inimiga da vida espiritual

Semana passada almocei com meu mentor, John. Tudo bem, ele não é meu mentor de verdade, é muita areia para meu caminhãozinho, mas almoçamos com frequência, e eu costumo fazer um monte de perguntas sobre a vida que tenho anotadas em um bloquinho. John é o tipo de pessoa que você conhece e imediatamente pensa: *"Quero ser igual a ele quando crescer"*. Ele é absurdamente inteligente, porém mais ainda — ele é sábio. Apesar disso, nunca demonstra ser remotamente pretensioso ou esnobe. Pelo contrário, é alegre, tranquilo, confortável em ser quem é, muito bem-sucedido (mas não daquele jeito enjoado das celebridades), gentil, curioso e sempre se mostra presente durante a conversa... Basicamente, ele é muito parecido com o Jesus que eu imagino.[1]

John (sobrenome Ortberg) por acaso é um pastor e escritor da Califórnia que teve como mentor outra pessoa que considero um herói, Dallas Willard. Se você nunca ouviu esse nome... de nada.[2] Willard foi um filósofo da Universidade do Sul da Califórnia, mas é mais conhecido fora do meio acadêmico como professor do caminho de Jesus. Mais do que qualquer outro professor fora da biblioteca da Escritura, as coisas que ele escreveu moldaram a forma como eu sigo a — ou como ele diria, sou um aprendiz de — Jesus.[3] Tudo isso é para dizer que John foi pupilo de Willard por mais de vinte anos, até a morte de Willard em 2013.

Nunca tive a chance de conhecer Willard, então a primeira vez em que John e eu nos reunimos no Menlo Park, imediatamente comecei a cavar histórias. Encontramos ouro.

Eis uma delas em que não consigo parar de pensar.

John liga para Dallas pedindo um conselho. Isso foi no final dos anos 1990; naquela época, John trabalhava na Willow Creek Community Church, em Chicago, uma das igrejas mais influentes do mundo. O próprio John é um professor muito conhecido e autor de best-sellers — o tipo de cara que você imagina que sabe *tudo* sobre seguir o caminho de Jesus. Mas, nos bastidores, ele sentia como se estivesse sendo sugado para o vórtice da insanidade da megaigreja.

E eu o entendia.

Então, ele liga para Willard e pergunta: *"O que preciso fazer para ser a pessoa que quero ser?"*[4]

Há um longo período de silêncio do outro lado da linha...

Segundo John, "Com Willard, *sempre* havia um longo período de silêncio do outro lado da linha."

Então ele fala: "Você tem que eliminar a pressa da sua vida."

Podemos apenas parar um pouco e concordar que isso é *brilhante*?

Obrigado...

Em seguida, John escreve aquilo em seu diário — infelizmente, isso aconteceu antes do Twitter; caso contrário, teria quebrado a internet. Depois, ele pergunta: "Certo, e o que mais?"

Outro longo silêncio...

Willard responde: "Não tem mais nada. A pressa é o grande inimigo da vida espiritual em nossa época. Você deve eliminá-la definitivamente da sua vida."

Fim da história.[5]

Da primeira vez em que ouvi isso, vi muita relação com a realidade atual. A pressa é o problema por trás de todos os sintomas tóxicos em nosso mundo.

Mesmo assim, eu não esperava essa resposta de Willard. Vivo em uma das cidades mais antigas e progressistas dos Estados Unidos, mas, se você me perguntasse "Qual é o grande desafio para a vida espiritual em Portland?", eu não sei o que diria.

Provavelmente, diria que é a modernidade ou a pós-modernidade, ou a teologia liberal, ou a popularização do evangelho da prosperidade, ou a redefinição da sexualidade e do casamento ou a eliminação do gênero, ou a pornografia na internet, ou os milhões de perguntas que as pessoas têm sobre a violência no Antigo Testamento, ou a queda de pastores celebridade, ou Donald Trump. Eu não sei.

Como você responderia a essa pergunta?

Aposto que pouquíssimos de nós responderíamos que é a "pressa".

No entanto, pare e leia a Bíblia: Satanás não aparece como um demônio com uma forquilha e uma voz rouca de fumante, ou como o Will Ferrell com uma guitarra e fogo no programa *Saturday Night Live*. Ele é muito mais inteligente do que pensamos. Atualmente, é muito mais provável que você encontre o inimigo em uma notificação em seu telefone enquanto lê a Bíblia, ou em uma maratona de vários dias em frente à Netflix, ou em um vício forte em dopamina no Instagram, ou em uma manhã de sábado no escritório, ou em *outro* jogo de futebol em um domingo, ou em um compromisso atrás do outro em uma vida apressada.

Corrie ten Boom certa vez disse que, se o diabo não puder fazer você pecar, ele vai mantê-lo ocupado. Há verdade nessa frase. Tanto o pecado quanto a ocupação têm o mesmo efeito — eles cortam sua conexão com Deus, com outras pessoas e, até mesmo, com sua própria alma.

O famoso psicólogo Carl Jung tinha um pequeno ditado:

A pressa não é *do* diabo; a pressa é o diabo.

Jung, a propósito, foi o psicólogo que desenvolveu o esquema dos tipos de personalidade introvertido e extrovertido e cujo trabalho tornou-se, mais tarde, a base para o teste indicador de Tipologia de Myers-Briggs, conhecido pela sigla INTJ (mais alguém é INTJ?). Podemos dizer que ele sabia do que estava falando!

Recentemente, eu estava contando sobre a visão de nossa igreja para meu terapeuta, que ama a Deus, é muito inteligente e tem um PhD. Nosso sonho era reconstruir nossa comunidade com o objetivo de colocá-la de volta no caminho de Jesus (É tão esquisito escrever isso, porque o que mais você faria como igreja?). Ele adorou essa ideia, mas continuou dizendo a mesma coisa: "O principal problema que você enfrentará é o *tempo*. As pessoas estão ocupadas demais para viver vidas emocionalmente saudáveis e espiritualmente ricas e vibrantes".

O que as pessoas geralmente respondem à pergunta rotineira "Como você está?"

"Ah, bem — só *ocupado*".

Preste atenção, você encontrará essa resposta em todos os lugares — independente de etnia, gênero, estágio da vida, até mesmo clas-se social. Universitários estão ocupados demais. Jovens pais estão ocupados demais. Pessoas com síndrome do ninho vazio e pessoas vivendo em campos de golfe estão ocupadas demais. CEOs estão ocupados demais, da mesma forma como baristas e babás de meio período. Norte-americanos estão ocupados demais. Kiwis estão ocu-pados demais. Alemães estão ocupados demais — *todos* estamos ocupados demais!

É claro que existe um tipo de ocupação que é saudável, em que sua vida está repleta de coisas que importam, não sendo desperdiçada em passatempos vazios ou com demandas banais. Seguindo essa definição, o próprio Jesus era ocupado. O problema não é ter muitas coisas para fazer, é ter *coisas demais* para fazer, sendo que a única forma de manter os compromissos em dia é se apressar.

É *esse* tipo de ocupação que nos deixa desnorteados.

Michael Zigarelli, da Escola de Negócios da Charleston Southern University, conduziu a pesquisa *Obstacles to Growth Survey* (Pesquisa sobre Obstáculos ao Crescimento) com mais de 20 mil cristãos pelo mundo e identificou a ocupação como uma grande distração da vida espiritual. Ouça a hipótese dele com atenção:

> É provável que (1) os cristãos estejam assimilando uma cultura de ocupação, pressa e sobrecarga, que leva a (2) Deus ser colocado em segundo plano nas vidas dos cristãos, o que leva a (3) uma relação deteriorada com Deus, o que leva a (4) cristãos estarem ainda mais vulneráveis a adotar suposições seculares sobre a vida, o que leva a (5) maior conformidade com uma cultura de ocupação, pressa e sobrecarga. E, então, o ciclo recomeça.[6]

Os pastores, a propósito, são os piores. Em minha profissão, a ocupação está no topo das atividades, assim como de advogados e médicos.

Quero dizer, eu não. *Outros* pastores...

Como bem diz aquele provérbio finlandês engraçadinho: "Deus não criou a pressa".

Essa nova velocidade em nossas vidas não é cristã; é anticristã. Pense bem: O que era mais valorizado na economia do reino de Cristo? Fácil: o amor. Jesus deixou isso muito claro. Ele disse que o maior mandamento em toda a Torá era "ame ao Senhor, o seu

Deus, com todo o seu coração, com toda a sua alma e com todas as suas forças", seguido somente de "ame o seu próximo como a si mesmo".[7] No entanto, o amor consome um tempo absurdo. Todos os pais sabem disso, assim como todos aqueles que estão em um relacionamento amoroso e a maioria dos amigos de longa data.

A pressa e o amor são incompatíveis. Todos os meus piores momentos como pai, marido e pastor, até mesmo como ser humano, acontecem quando estou com pressa — atrasado para um compromisso, atrasado em minha lista de afazeres impraticável, tentando entupir meu dia com coisas para fazer. Eu transpiro irritação, tensão, e uma crítica constante aos outros — é a antítese do amor. Se você não acredita em mim, da próxima vez em que estiver tentando fazer sua esposa de personalidade tipo B e seus filhos pequenos, que se distraem facilmente, saírem de casa já atrasados (um assunto em que tenho vasta experiência), preste atenção em como você se dirige a eles. Parece ser amor? Ou está mais próximo de irritação, raiva, um comentário mordaz, um olhar grosseiro? A pressa e o amor são como o óleo e a água: simplesmente não se misturam.

Por isso que na definição de *amor* do apóstolo Paulo o primeiro adjetivo é "paciente".[8]

Existe um motivo pelo qual as pessoas falam sobre "caminhar" com Deus, e não "correr" com Deus. É porque Deus é amor.

Em seu livro *Three Mile an Hour God* [*Deus a 4 Quilômetros por Hora*, em tradução livre], o finado teólogo japonês Kosuke Koyama aborda o conceito por meio deste trecho:

Deus anda "devagar" porque ele é amor. Se ele não fosse amor, andaria muito mais rápido. O amor tem sua velocidade. É uma velocidade interna. Uma velocidade espiritual. É um tipo de velocidade diferente da velocidade tecnológica com a qual estamos acostumados. É "devagar", mas é maior do que todas as outras velocidades, já que é a velocidade do amor.[9]

Em nossa cultura, *devagar* é um termo pejorativo. Quando alguém tem um QI baixo, dizemos que a pessoa é devagar ou lenta. Quando o serviço em um restaurante é ruim, dizemos que é lento. Quando um filme é entediante, novamente, dizemos que é lento. Segundo o *Grande Dicionário Houaiss*, o termo lento significa: "diz-se de comportamento ou faculdade humana, notadamente de funções ou operações intelectuais, quando não funcionam com prontidão".[10]

A mensagem é clara: devagar é ruim, rápido é bom.

Mas no reino invertido, nosso sistema de valores vira de cabeça para baixo: a pressa é do diabo; devagar é de Jesus, porque Jesus é o amor em carne e osso.

O mesmo se aplica a alegria e paz — duas das outras realidades centrais do reino de Jesus. Amor, alegria e paz são o triunvirato central na visão do reino de Jesus. Essas três coisas são mais do que simples emoções, são uma condição que vem do coração. Não são apenas sentimentos bons; representam o tipo de pessoa que nos tornamos quando somos aprendizes de Jesus e que personifica esses três itens até o infinito.

E todos os três são incompatíveis com a pressa.

Pense na alegria. Todos os mestres espirituais, dentro e fora da tradição de Jesus, concordam com isso (assim como psicólogos seculares, especialistas em mindfulness etc.): se existe um segredo para a felicidade, ele é simples — estar presente no momento. Quanto mais estamos presentes no momento, mais prazer conseguimos sentir.

E quanto à paz? Preciso explicar muito? Pense nisso quando estiver saindo apressado e atrasado para um evento. Você sente a paz do Senhor em sua alma? Um sentimento presente e centrado de calma e bem-estar?

Para ratificar: amor, alegria e paz estão no centro de tudo o que Jesus está tentando cultivar no solo da sua vida. E todos os três itens são incompatíveis com a pressa.

Novamente, se você não acredita em mim, na próxima vez em que estiver arrastando a família (ou caso seja solteiro, a pessoa que mora com você) porta afora, preste atenção em seu coração. Você está sentindo amor, alegria e paz? É claro que não.

No almoço com meu mentor que não é mentor, John, ele observou sabiamente: "Não posso viver no reino de Deus com uma alma apressada".

Ninguém pode.

Não é somente a pressa que nos afasta do amor, da alegria e da paz do reino de Deus — o próprio centro daquilo pelo que os seres humanos anseiam —, mas também nos afasta do *próprio Deus* ao simplesmente roubar nossa atenção. E, com a pressa, sempre perdemos mais do que ganhamos.

Para o golpe de misericórdia, Walter Adams, o diretor espiritual de C. S. Lewis:

> Caminhar com Jesus é caminhar em um ritmo lento e sem pressa. A pressa é a morte da oração e somente impede e estraga nosso trabalho. Ela nunca o promove.[11]

Resumindo: há poucas coisas que conseguimos fazer com pressa e que não podemos fazer melhor ainda sem pressa. Especialmente em nossa vida com Deus. Até mesmo em nosso trabalho *para* Deus.

Eis um trecho de Ronald Rolheiser, meu escritor católico preferido de todos os tempos, que tem a força de um furacão:

> Atualmente, diversas circunstâncias históricas estão fluindo juntas às cegas e conspirando acidentalmente para criar um clima em que é difícil não apenas pensar em Deus ou orar, mas simplesmente ter qualquer tipo de profundidade interior...
>
> Nós, por diversos motivos, bons e ruins, estamos nos distraindo rumo ao esquecimento espiritual.
>
> Não é que tenhamos algo contra Deus, a profundidade e o espírito; gostaríamos de ter essas coisas, mas estamos normalmente muito preocupados para que essas coisas apareçam em nosso radar. Somos mais ocupados do que más pessoas, mais distraídos do que não espirituais e mais interessados em cinema, estádio e shopping, e na vida de fantasia que tudo isso produz em nós, do que na igreja. Ocupação, distração e inquietação patológicas são os maiores bloqueios atuais em nossas vidas espirituais.[12]

Eu adoro esta expressão de Rolheiser: "ocupação patológica".

Novamente, determinado nível de ocupação é bom ou, pelo menos, inevitável.

Existe um lugar para a pressa — em uma emergência de nível 190, quando a bolsa da sua esposa rompe, ou quando seu filho pequeno corre para a rua.

Mas sejamos honestos: esses momentos não acontecem com frequência. A ocupação patológica, que é a configuração padrão para muitos de nós, e a pressa crônica que supomos ser normal são muito mais patológicas tecnicamente: um patógeno solto em uma população em massa, que resulta em doença ou morte.

Ouvimos o refrão "Estou ótimo, apenas ocupado" com tanta frequência que pensamos que está tudo bem em ter ocupação patológica. No fim das contas, todas as outras pessoas também estão ocupadas. Mas e se a ocupação não for saudável? E se for um contágio por vias aéreas, devastando nossa alma de forma coletiva?

Nos últimos tempos, comecei a ler poesia, o que é novidade para mim. Mas adoro quanto isso me força a desacelerar. Você simplesmente não pode ler um poema depressa. Noite passada li o sábio cristão e mestre literário T. S. Eliot. Até entendi um pouco, como o verso sobre "este mundo de gorjeios", em que as pessoas estão "distraídas da distração pela distração".[13] O que significa um mundo com distrações o suficiente para evitar o ferimento que nos levaria à cura e de volta à vida.

Novamente: Estamos "nos distraindo rumo ao esquecimento espiritual".

Como Ortberg falou:

> Para muitos de nós, o grande perigo não é renunciarmos nossa fé. É ficarmos tão distraídos e apressados e preocupados que vamos nos contentar com uma versão medíocre dela. Vamos apenas dar uma passada em nossa vida, em vez de vivê-la de verdade.[14]

Você enxerga o que está em risco aqui? Não é somente nossa saúde emocional que está sendo ameaçada. Como se não fosse suficiente. Andamos tão depressa pela vida que estamos estressados, no limite, sem paciência com nossos cônjuges ou filhos. Claro, isso é verdade. Mas é mais assustador ainda: nossa vida espiritual está em jogo.

Será que Willard estava certo? Que uma vida de velocidade, ocupada demais e com distrações digitais seria a maior ameaça à vida espiritual que enfrentamos no mundo moderno?

Não consigo parar de pensar se Jesus diria à nossa geração inteira o mesmo que disse a Marta: "Você está preocupada e inquieta com muitas coisas; todavia apenas uma dessas coisas é necessária".[15]

> A necessidade atual é a desaceleração espiritual.[16]

Uma breve história sobre a velocidade

Todos sabemos que nosso mundo está muito acelerado, em um ritmo frenético. Sentimos isso em nossos ossos, sem mencionar na rodovia. Mas nem sempre foi assim.

Permita-me ser nerd por alguns minutos, apenas para mostrar como chegamos até aqui. Falaremos do relógio solar romano, São Bento, Thomas Edison, sua torradeira, a ficção científica de 1960, as lojas 7-Eleven e, naturalmente, de Steve Jobs.

Em primeiro lugar o relógio solar, também conhecido como o Casio original.

Desde aproximadamente 200 A.C.[1], as pessoas reclamavam sobre o que essa "nova" tecnologia estava fazendo com a sociedade. O dramaturgo romano Plauto transformou sua raiva em poesia:

> Os deuses confundem o homem que descobriu
> Como diferenciar as horas! Confunde-o também
> Quem colocou um relógio de sol aqui
> Para cortar e picotar meus dias de forma tão miserável
> Em pequenas porções![2]

Da próxima vez em que estiver atrasado, basta citar Plauto.

Os deuses confundem o homem.

Adiantemos até os monges, nossos ancestrais da boa vontade espiritual que tiveram um papel muito importante na aceleração da sociedade ocidental. No século VI, São Bento organizou o monastério em torno de 7 momentos de oração por dia, uma ideia superlativa. Até o século XII, os monges já tinham inventado o relógio mecânico e conseguiam convocar o monastério para a oração.

Mas a maioria dos historiadores aponta 1370 como o momento decisivo na relação do ocidente com o tempo. Naquele ano, a primeira torre de relógio pública foi construída em Colônia, na Alemanha.[3] Antes disso, o tempo era natural. Estava relacionado à rotação da terra em seu eixo e às quatro estações. Você ia dormir com a Lua e acordava com o Sol. Os dias eram longos e ocupados no verão, curtos e lentos no inverno. Havia um ritmo para o dia e, até mesmo, para o ano. A vida era "dominada por ritmos agrários, livre de correria, sem se preocupar com exatidão ou produtividade"[4], nas palavras do medievalista francês Jacques Le Goff (sim, eu citei um medievalista francês).

Mas o relógio mudou tudo isso, ele criou o tempo artificial — a labuta das 9 às 17 horas *o ano inteiro*. Paramos de ouvir nosso corpo e começamos a nos levantar quando o alarme soa sua sirene opressora — não quando nosso corpo está descansado. Nós nos tornamos mais eficientes, sim, mas também mais máquinas e menos seres humanos.

Leia o resumo de um historiador sobre esse momento importante:

> Esse foi o momento que o homem se tornou independente do Sol, uma nova prova de que era mestre de si mesmo e de seu ambiente. Somente mais tarde seria revelado que ele conquistou essa maestria ao se colocar sob o domínio de uma máquina com as próprias exigências imperiosas.[5]

Quando era o Sol que controlava nossos ritmos de trabalho e descanso, ele o fazia sob a orientação de Deus; mas o relógio está sob a orientação do patrão, um mestre muito mais exigente.

Então, em 1879, tivemos Edison e a lâmpada, o que tornou possível ficarmos acordados depois do pôr do sol. Certo, prepare-se para a próxima estatística: antes de Edison, as pessoas dormiam em média onze horas por noite.[6]

Sim: *onze*.

Eu costumava ler biografias de grandes homens e mulheres da História que se levantavam para orar às 4 horas da manhã — Santa Teresa D'Ávila, John Wesley, Charles Spurgeon. Eu pensava: *"Uau, eles levam Jesus mais a sério do que eu"*. É verdade; mas então eu percebi que eles iam dormir às 19 horas! Após nove horas de sono, o que mais eles poderiam fazer?

Agora, pelo menos nos Estados Unidos, diminuímos para sete horas de sono por noite, em média. Isso são duas horas e meia a menos do que era há apenas um século.

É de se estranhar que estejamos exaustos o tempo inteiro?

Mais ou menos um século atrás, a tecnologia começou a modificar nosso relacionamento com o tempo novamente, dessa vez com os chamados dispositivos que poupam trabalho.

Por exemplo, no inverno você precisava ir até a floresta, arriscar ser comido vivo por um animal selvagem, cortar uma árvore com um machado, usando as próprias mãos, voltar com a árvore para sua cabana, cortá-la em pedaços, e então fazer fogo, novamente com as próprias mãos. Agora, tudo o que precisa fazer é ir até o termostato na parede (ou se tiver uma casa *smart*, em seu celular) e apertar na seta para cima. *Voilà*. O ar quente surge de forma mágica.

Existem muitos outros exemplos: costumávamos andar para todos os lugares, agora temos carros para ir de um lugar a outro com pressa. Fazíamos nossa comida do zero, agora temos comida para viagem. Escrevíamos cartas à mão, agora temos o e-mail e, claro, nossa melhor amiga, a Inteligência Artificial (IA).

Mesmo assim, apesar de nossos smartphones e cafeteiras, lava-louças, máquinas de lavar e torradeiras programáveis, a maioria de nós sente que temos *menos* tempo, não mais.

Como assim?

Dispositivos que poupam mão de obra realmente economizam nosso tempo. Então, aonde foi parar o tempo?

Resposta: nós o gastamos em outras coisas.

Na década de 1960, futuristas no mundo todo — de autores de ficção científica a teóricos políticos — pensavam que, no futuro, todos estaríamos trabalhando *muito* menos horas. Disseram a um subcomitê famoso do Senado em 1967 que, até 1985, o americano trabalharia em média apenas 22 horas por semana e 7 semanas no ano. Todos pensavam que o maior problema do futuro seria o tempo livre.[7]

O quê...?

Você está rindo, não é? É, é engraçado, mais ou menos...

A não ser que você seja francês (dedico a todos os meus três leitores franceses; a gente tira onda, mas é só porque temos inveja)[8], o que aconteceu foi exatamente o oposto: o tempo livre *diminuiu*. Um norte--americano trabalha em média quase quatro semanas a mais no ano do que trabalhava em 1979.[9]

A revista *Harvard Business Review* recentemente conduziu um estudo sobre a mudança no status social nos Estados Unidos. Tempo livre costumava ser um sinal de riqueza. As pessoas com mais dinheiro passavam o tempo jogando tênis, velejando na baía, bebendo vinho no almoço em clubes de golfe. Mas isso mudou. Agora a *ocupação* é sinal de riqueza. Você pode ver essa mudança cultural na publicidade. Comerciais e anúncios de revista de itens de luxo, como um Maserati ou um Rolex, costumavam mostrar pessoas ricas em uma piscina no sul da França. Atualmente, é mais provável que mostrem pessoas ricas em Nova York ou no centro de Los Angeles, presidindo uma reunião em um escritório chique, saindo para drinques no fim da tarde em um clube da moda, ou viajando pelo mundo.[10]

Há um século, quanto menos se trabalhava *mais* status se tinha. Atualmente é o contrário: quanto mais passa tempo descansando *menos* status você tem.

Não é de se surpreender que, nesse mesmo período de tempo, tenhamos testemunhado a morte do Sabático na vida norte-americana. Até a década de 1960 (e em alguns lugares, até a década de 1990), as *blue laws* (leis que proibiam o trabalho aos domingos) forçavam o comércio a fechar no Sabático, um limite de velocidade do governo para o ritmo de vida norte-americano. Meu pai está chegando aos 70 anos e conta histórias sobre ter crescido na Bay Area na década de 1950 e de como a cidade inteira fechava às 18 horas durante a semana e o dia todo aos domingos. *Nada* abria além da igreja. Ninguém saía para o brunch ou para jogar, muito menos para fazer compras. Você consegue imaginar isso acontecendo no Vale do Silício atualmente? Eu não. Meu pai ainda fala do evento que foi a chegada de uma loja 7-Eleven à cidade — a primeira franquia a ficar aberta 7 dias na semana… e até as 23 horas! Em uma geração, o domingo evoluiu de um dia de descanso e respeito ao Sabático para o dia de comprar mais porcaria de que não precisamos, fazer tarefas, comer fora, ou apenas adiantar o trabalho da semana prestes a começar.

Nossa cultura nunca sequer desacelerou o suficiente para se perguntar: "O que esse ritmo novo fará com nossas almas?".

Andrew Sullivan, em um ensaio para a *New York Times Magazine* chamado "I Used to Be a Human Being" ["Eu Costumava Ser um Ser Humano", em tradução livre], escreveu uma análise provocadora:

> Aquela tradição judaico-cristã reconhecia uma distinção — e tensão — importante entre barulho e silêncio, entre passar o dia e controlar a vida inteira. O Sabático — uma instituição judaica cooptada pelo Cristianismo — era (…) um momento de calma para refletir sobre nossas vidas sob a luz da eternidade. Ajudou a definir muito da vida pública ocidental semanalmente por séculos — só para se dissipar, sem sequer um arrependimento passageiro, na cacofonia comercial das últimas duas décadas.

Reflete, agora, um credo maltratado de que uma vida espiritual contínua é simplesmente impraticável para a maioria dos mortais sem esses refúgios do barulho e do trabalho para nos amortecer e nos lembrar de quem realmente somos.[11]

Perdemos mais que um dia de descanso; perdemos um dia para nossas almas se abrirem para Deus.

Tudo isso chegou ao ápice em 2007. Quando os livros de História forem escritos, eles indicarão esse ano como um ponto de inflexão comparável a 1440.

E 1440, é claro, foi o ano em que Johannes Gutenberg inventou a prensa móvel, preparando o terreno para a Reforma Protestante e o Iluminismo, que juntos transformaram a Europa e o mundo.

E 2007? Rufem os tambores... Foi o ano em que Steve Jobs lançou o iPhone.

É importante lembrar que isso aconteceu, também, alguns meses depois de o Facebook abrir acesso a qualquer pessoa com apenas um endereço de e-mail; o ano em que um aplicativo de *microblog* chamado Twitter tornou-se sua própria plataforma; o primeiro ano de existência da nuvem, juntamente com a App Store; o ano que a Intel trocou os chips de silício por chips de metal para manter a Lei de Moore funcionando; e uma lista de outros avanços tecnológicos — todos por volta de 2007, a data oficial do início da Era Digital.[12]

O mundo mudou drasticamente nos últimos anos. Em nossa memória muito recente, ninguém tinha um smartphone ou acesso a Wi-Fi. Atualmente, não conseguimos nos imaginar vivendo sem algo que sequer existia quando meu primogênito nasceu.

A internet sozinha mudou o mundo, e não apenas para melhor. Dependendo de quem você pergunta, ela está *diminuindo* nosso QI, ou pelo menos nossa capacidade de prestar atenção.

O livro indicado ao prêmio Pulitzer *A Geração Superficial: O que a internet está fazendo com os nossos cérebros*, de Nicholas Carr, apesar de ter sido lançado há quase uma década, ainda é uma obra importante sobre essa evolução (ou devolução?). Ele escreveu:

> O que a internet parece estar fazendo é desgastar minha capacidade de concentração e contemplação. Quer eu esteja online ou não, minha mente agora espera receber informações do jeito que a internet a distribui: em um fluxo de partículas se movimentando rapidamente. Já fui um mergulhador em um mar de palavras. Hoje, corro pela superfície como alguém em um jet-ski.[13]

E o smartphone colocou a internet nos bolsos de nossas calças.

Um estudo recente descobriu que o usuário médio do iPhone toca seu celular 2.617 vezes *por dia*. Ou seja, cada usuário fica em seu celular por, no mínimo, 2,5 horas, em uma média de 76 acessos.[14]

Isso vale para *todos* os usuários de smartphone. Outro estudo sobre a geração de millenials dobrou esse número.[15] Em cada estudo que leio, mais pessoas entrevistadas não fazem ideia de quanto tempo elas, de fato, perdem em seus celulares.[16]

Um estudo parecido descobriu que apenas o fato de estarmos no mesmo *cômodo* que nossos celulares (mesmo que estejam desligados) "fará diminuir a memória em funcionamento das pessoas e sua capacidade de resolver problemas". Ou seja, eles nos emburrecem. Ou da forma que o resumo do relatório descreveu: "Se você fica dependente do seu smartphone, ele se torna um dispositivo mágico que grita seu nome silenciosamente dentro do seu cérebro o tempo inteiro".[17]

E isso é só sobre o uso do celular — postar em redes sociais, checar e-mails, ver a previsão do tempo etc. Essas estatísticas não chegam nem perto do uso da internet, muito menos do dragão cuspidor de fogo que é a Netflix. Tanto tempo perdido no buraco negro dos "dispositivos".

Um ex-funcionário de empresas do Vale do Silício chamado Tristan Harris está realizando um trabalho muito interessante. Rotulado pela revista *Atlantic* como "a coisa mais próxima que o Vale do Silício tem de uma consciência", ele ressalta que os caça-níqueis dão mais lucro do que a indústria de filmes e de basebol *juntas*, mesmo que seja apenas alguns centavos de cada vez. Isso porque o caça-níqueis é viciante. E essas pequenas somas de dinheiro parecem sem importância no momento. São só alguns centavos, certo? Ou cinco dólares, ou vinte. Mas, ao longo do tempo, elas vão se somando. O celular é igualmente viciante. E pequenos momentos — uma mensagem aqui, uma passada no Instagram ali, uma olhada rápida no e-mail, uma passeadinha online — tudo isso se transforma em uma quantidade extraordinária de tempo.[18]

Harris era especialista em ética de design e filósofo de produto (sim, isso existe) do Google, mas se afastou da indústria tecnológica. Ele se demitiu e começou uma organização sem fins lucrativos com o único propósito de lutar por um juramento hipocrático para desenvolvedores de software, porque atualmente tudo é *desenvolvido intencionalmente para a distração e o vício*. Afinal, é onde o dinheiro está.

Uma breve história sobre a velocidade 37

Outro exemplo é Sean Parker, o primeiro presidente do Facebook (representado por Justin Timberlake no filme). Atualmente, ele se denomina um "objetor de consciência" das mídias sociais. Em uma entrevista para a *Axios*, ele admitiu a contragosto:

> Só Deus sabe o que isso está fazendo com o cérebro dos nossos filhos. O processo de raciocínio que foi usado para desenvolver esses aplicativos, o Facebook sendo o primeiro deles (...) era sobre: *"Como podemos consumir a maior parte possível do seu tempo e da sua atenção consciente?"* Isso significa que precisamos meio que dar um pouquinho de dopamina de vez em quando, porque alguém curtiu ou comentou sua foto, ou seu post, ou algo assim. E isso fará com que você contribua com mais conteúdo ainda, o que fará com que você tenha (...) mais curtidas e comentários. É um ciclo de retorno de validação social (...) exatamente o tipo de coisa que um hacker como eu inventaria *porque você está explorando uma vulnerabilidade na psicologia humana.*[19]

Coloquei os destaques, mas, em momentos como esse, nós vemos os bastidores do que meu amigo Mark Sayers chama de "capitalismo digital". Os economistas chamam de "economia da atenção". Harris chama de "corrida armamentista pela atenção das pessoas". Uma empresa consegue dinheiro se, *e somente se*, conseguir chamar sua atenção.

Eis uma tendência assustadora: nossa capacidade de concentração está caindo a cada ano que passa. Em 2000, antes da revolução digital, era de 12 segundos, então não significava que tínhamos muito espaço para manobra. Mas, desde então, ela caiu para 8 segundos.

Para colocar as coisas em perspectiva, um peixinho dourado tem uma capacidade de concentração de 9 segundos.[20]

É isso mesmo. Estamos perdendo, para *peixinhos dourados*.

No entanto, as probabilidades estão contra nós. Há literalmente milhares de aplicativos e dispositivos *desenvolvidos com a intenção* de surrupiar sua atenção. E também seu dinheiro.

Um lembrete: Seu celular, na verdade, não trabalha para você. Você paga por ele, isso é verdade. Mas ele trabalha para uma corporação multibilionária localizada na Califórnia, não para você. Você não é o cliente; você é o produto. É sua atenção que está à venda, junto com sua paz de espírito.[21]

E Harris não é o único renegado da tecnologia. Eu tampouco sou o único pastor a soar o alarme.[22] Há histórias vazando de dentro do Vale do Silício em que executivos da tecnologia pagam valores altíssimos por uma escola particular que não usa dispositivos para seus filhos — a epítome da máxima do rapper Biggie Smalls: "Nunca fique chapado com sua própria mercadoria."

James Williams chamou a indústria tecnológica de "a maior, mais padronizada e centralizada forma de controle de atenção da história humana".[23]

Linda Stone, pesquisadora da Microsoft, disse que a "atenção parcial contínua" é o novo padrão.[24]

O autor de ficção científica Cory Doctorow disse que toda vez que pegamos nossos celulares ou ficamos online somos jogados em um "ecossistema de tecnologias de interrupção".[25]

Antes de *qualquer uma* dessas coisas ter começado, bem antes, em 1936, outro profeta literário, Aldous Huxley, escreveu sobre "o quase infinito apetite do homem por distrações".[26] Em seu livro profético

Admirável Mundo Novo, ele previu um futuro distópico não de ditadura, mas de distração, em que sexo, entretenimento e ocupação rasgam o tecido que mantém a sociedade unida.

É quase como se ele suspeitasse de algo...

O problema é que, mesmo que percebamos e admitamos que temos um vício digital — porque isso é um *vício*. Nossa força de vontade não tem nenhuma chance contra o botão "Curtir".

Isso se admitirmos que temos um problema, pois a maioria de nós não admite.

Psicólogos ressaltam que grande parte dos norte-americanos têm uma relação, no mínimo, de "compulsão" com seus celulares — *precisam* checar aquela última mensagem, clicar no nstagram, abrir aquele e-mail etc. Mas a maioria de nós já passou disso direto para o vício.

Como Tony Schwartz disse em seu artigo para o *New York Times*:

> O vício é a atração incessante de uma substância ou atividade que se torna tão compulsiva que, no fim, interfere na rotina. Por essa definição, quase todos que conheço têm alguma forma de vício pela internet.[27]

Todos.

Se você acha que é a exceção à regra, ótimo — *prove*. Como? Desligue seu celular por 24 horas seguidas. Só por um dia. Chame de Sabático digital. Veja se consegue passar esse tempo sem cair na tentação de pegar seu celular de novo ou sem se contorcer no chão, suando frio, batendo os dentes, em abstinência neurobiológica.

Meu objetivo não é defender um retorno ludista a uma utopia mítica pré-digital. A ideia de ser um fazendeiro por algumas décadas e morrer de gota soa... bem, horrível! E você consegue imaginar uma vida sem o Google Maps? É aterrorizante. Sem um aplicativo de música? Chego até a estremecer. O que quero dizer é que constantemente discutimos os prós da era digital moderna — e existem muitos —, mas raramente dizemos algo sobre os contras. E existe um impacto positivo?

Neil Postman, outro pensador profético, muito à frente de seu tempo, deu seu aviso profético para nossa época:

> A tecnologia nunca deve ser aceita como parte da ordem natural das coisas (...) Toda tecnologia — desde um teste de QI a um automóvel, aparelho de televisão ou computador — é um produto de um contexto econômico e político particular e carrega consigo um programa, um propósito e uma filosofia que pode ou não ser para melhorar a vida das pessoas e que, portanto, exige análise, crítica e controle.[28]

Acho que é sábio cultivar uma suspeita saudável a respeito da tecnologia. O progresso tecnológico, e até mesmo econômico, não é necessariamente equivalente ao progresso humano. Só por que é mais novo e/ou mais rápido não significa que seja melhor (por mais herege que isso soe). Não seja sugado para esse esquema de marketing capitalista. O que parece ser progressão frequentemente é regressão com um propósito. Outros ficam ricos; você fica distraído e viciado. Como Gandhi disse sabiamente: "Há mais na vida do que aumentar a velocidade".

Idealizamos a vida dos Amish de formas que admito não serem saudáveis, mas vale dizer que eles, na verdade, não são contra todas as tecnologias modernas. Quando uma nova tecnologia chega na sociedade, eles a avaliam de longe. Eles nos observam como cientistas observam ratos de laboratório sob o efeito de uma droga nova. Ela promove mais saúde? Ou nos deixa doentes? Seu impacto é positivo ou negativo? Eles permitem que sejamos voluntários para o teste em humanos. Em seguida, discutem com toda a comunidade. No caso do carro, eles decidiram contra, com base em sua crença de que essa tecnologia destruiria sua comunidade integrada e abriria portas para o consumismo, duas coisas que corroem o amor, a alegria e a paz.

Queria ter sido uma mosca na parede para ter escutado sua discussão sobre o smartphone...

Mas os Amish e outros seguidores sérios de Jesus nos fazem lembrar: houve um tempo em que a vida era muito, *muito* mais lenta. Não havia carros para dirigir, aviões para pegar, maratonas de estudo de uma noite inteira para atravessar, regadas a muita cafeína, não existia um fluxo constante de alertas em nossos celulares nem poços sem fundo de opções de entretenimento nos aguardando.

É fácil presumir que esse é o ritmo *normal* da vida. Não é. A "escassez de tempo" em que estamos envolvidos é relativamente recente. Ainda estamos em fase de testes como espécie. E os resultados preliminares são assustadores.

Em resumo, depois de milênios de aceleração lenta e gradual, nas décadas recentes, a velocidade extrema de nossa cultura alcançou um nível febril.

Minha pergunta é simples: O que toda essa distração, esse vício e esse ritmo de vida estão fazendo com nossas *almas?*

Algo está profundamente errado

A história é esta: É o ápice do colonialismo britânico. Um viajante inglês chega à África com a intenção de fazer uma rápida jornada pela floresta. Ele paga alguns carregadores locais para carregar seus suprimentos. Depois de um dia exaustivo de viagem a pé e uma noite de sono maldormida, ele se levanta para continuar a jornada. Mas os carregadores se recusam. Exasperado, ele começa a adular, subornar, implorar, mas nada funciona. Eles não vão se mover nem um centímetro. Naturalmente, ele pergunta o motivo.

A resposta? Eles estão esperando "suas almas alcançarem seus corpos".

Lettie Cowman, ao contar essa história, escreveu:

> Essa vida corrida e rodopiante em que tantos de nós vivemos faz por nós o que aquela primeira marcha fez por aqueles pobres homens da tribo da floresta. A diferença: *eles sabiam* do que precisavam para restabelecer o equilíbrio na vida; na maioria das vezes, *nós não sabemos*.[1]

E não são somente os escritores espirituais do século passado que estão alegando que a velocidade de nossa vida está fora de controle e perigosa. Diversos especialistas estão opinando sobre isso. Psicólogos e profissionais de saúde mental estão falando sobre uma epidemia do mundo moderno: "a doença da pressa". Ou seja, eles a chamam de *doença*.

Eis uma definição dessa palavra:

> Um padrão comportamental caracterizado por pressa e ansiedade contínuas.

Eis outra:

> Uma enfermidade em que a pessoa se sente cronicamente sem tempo e, assim, tende a desempenhar as tarefas cada vez mais depressa e a ficar nervosa com qualquer tipo de atraso.[2]

Meyer Friedman — cardiologista que ficou famoso por sua teoria de que pessoas com personalidade tipo A, que são cronicamente bravas e apressadas, têm uma maior tendência a ataques cardíacos — definiu-a assim:

> Uma luta contínua e uma tentativa incessante de realizar ou alcançar mais e mais coisas ou de participar de cada vez mais eventos em cada vez menos tempo.[3]

Friedman foi quem originalmente cunhou a expressão *doença da pressa* depois de perceber que a maioria de seus pacientes de risco cardiovascular mostravam uma "sensação de urgência de tempo" irritante.[4]

E — respire fundo — ele disse isso na década de *1950*.

Uma tossida.

Um silêncio constrangedor.

Ajeitando a postura...

Como saber se você tem essa doença emergente?

É bastante simples. Rosemary Sword e Philip Zimbardo, autores do livro *The Time Cure* [*O Tempo de Cura,* em tradução livre], descrevem os seguintes sintomas para a doença da pressa:

- Passar de uma fila de caixa para outra porque parece estar menor ou andando mais depressa.
- Contar os carros na sua frente e mudar para a faixa que tem menos carros ou que está andando mais depressa.
- Fazer tantas tarefas ao mesmo tempo a ponto de esquecer uma delas.[5]

Alguém?

Você está sentindo isso?

Sem querer ser um psicólogo de araque, tenho quase certeza de que *todos* nós temos a doença da pressa.

E a pressa é uma forma de violência com a alma.

Como muitos de vocês ainda não acreditam em mim, vamos fazer um pequeno autoinventário.

Algo está profundamente errado   45

Eis minha descrição de 10 sintomas para a doença da pressa. Verifique se você se identifica com algum(ns) deles:

1. **Irritabilidade** — Você fica com raiva, frustrado ou apenas chateado com *muita* facilidade. Coisas pequenas e cotidianas o aborrecem. As pessoas têm que pisar em ovos ao redor de sua péssima negatividade, senão raiva, permanente. Um conselho de outro especialista em "cascas de ovos": para se autodiagnosticar, não preste atenção em como você trata um colega ou vizinho; preste atenção em como você trata as pessoas mais próximas de você: seu cônjuge, filhos, quem mora com você etc. _____

2. **Hipersensibilidade** — Basta um comentário minúsculo para ferir seus sentimentos, um e-mail mal-humorado para tirá-lo do sério ou uma simples mudança nos acontecimentos para lançá-lo em um abismo emocional e arruinar seu dia. Pequenas coisas se intensificam rapidamente e viram enormes eventos emocionais. Dependendo da sua personalidade, isso pode se apresentar como raiva, mesquinhez, ansiedade, depressão ou apenas cansaço. A questão é que os problemas comuns do dia a dia deste lado do Éden têm um efeito desproporcional sobre seu bem-estar emocional e na graça de suas relações. Você não consegue lidar com a vida de maneira apropriada. _____

3. **Inquietude** — Quando você tenta desacelerar e descansar de verdade, não consegue relaxar. Você tentar fazer o Sabático e detesta. Lê a Escritura, mas acha chato. Você tem um momento em silêncio com Deus, mas não consegue manter a mente focada. Você vai para a cama cedo, mas fica virando de um lado para outro, ansioso. Você assiste à TV, mas verifica seu celular, dobra roupa e se mete em uma briga no Twitter (o.k., talvez você apenas responda a um ou outro e-mail), tudo ao

mesmo tempo. Sua mente e seu corpo estão sob efeito da droga da velocidade e, quando não recebem outra dose de dopamina, estremecem. _____

4. **Vício no trabalho (ou em atividade constante)** — Você basicamente não sabe quando parar. Ou pior, não *consegue* parar. Outra hora, outro dia, outra semana. Suas drogas preferidas são conquistas e acumulação. Elas podem vir na forma de carreirismo ou de uma simples arrumação da casa e execução de tarefas compulsivas. Resultado: você acaba sendo vítima da "fadiga do pôr do sol", quando, no fim do dia, você não tem mais nada para oferecer a seu cônjuge, seus filhos ou às pessoas que você ama. Eles ficam com seu mau humor, sua exaustão, e isso não é agradável. _____

5. **Torpor emocional** — Você simplesmente não tem a capacidade de *sentir* a dor do outro. Ou mesmo a sua, na verdade. Para você, a empatia é um sentimento muito raro. Você simplesmente não tem tempo para isso, pois vive em um estado constante de fuga. _____

6. **Prioridades fora de ordem** — Você se sente desconectado da sua identidade e do seu propósito. Está sempre sendo sugado para a tirania da urgência, não do importante. Sua vida é reativa, não proativa. Você está mais ocupado do que nunca e, mesmo assim, sente que não tem tempo para o que realmente importa para você. Geralmente, passam-se meses, ou *anos* — ou Deus nos livre, talvez tenham sido *décadas* — e você percebe que ainda não conseguiu fazer todas as coisas que *disse* serem importantes em sua vida. _____

7. **Falta de cuidado com seu corpo** — Você não tem tempo para o básico: 8 horas de sono por noite; exercícios diários; comida caseira; estímulos mínimos; equilíbrio. Você ganha peso. Fica doente diversas vezes ao ano. Acorda cansado com frequência.

Não dorme bem. Vive dos quatro cavaleiros do apocalipse da comida industrializada: cafeína, açúcar, carboidratos refinados e álcool. _____

8. **Comportamento de escapista** — Quando estamos muito cansados para fazer o que de fato revigora nossas almas, nós nos voltamos para nossas distrações prediletas: comer demais, beber demais, maratonas na Netflix, passar tempo na rede social, navegar na web, assistir pornografia — conte qual é seu narcótico cultural preferido. Narcóticos são bons, até mesmo saudáveis, eventualmente e no curto prazo, quando nos protegem de uma dor desnecessária; mas, quando abusamos deles para escapar da realidade, eles nos devoram. Você ficará preso no ciclo de retorno negativo dos vícios socialmente aceitáveis. _____

9. **Perda das disciplinas espirituais** — Se você é parecido comigo, quando fica ocupado demais, as coisas que realmente revigoram sua alma são as primeiras a serem deixadas de lado, em vez de serem as primeiras em que você *se agarra* — como um momento silencioso pela manhã, as Escrituras, as orações, o Sabático, o respeito ao descanso de domingo, uma refeição com a comunidade, e assim por diante. Por ser um dilema irônico, as coisas que servem para o descanso na verdade precisam de um pouco de energia emocional e autodisciplina. Quando ficamos ocupados demais, ficamos exaustos; quando ficamos exaustos, não temos energia ou disciplina para fazer o que mais precisamos para curar nossas almas. O ciclo começa a se alimentar da própria energia. Então, em vez de uma vida com Deus, nós nos contentamos em ter uma vida com uma assinatura da Netflix e uma taça de vinho barato. Um substituto muito pobre. Não porque o tempo que perdemos em frente à TV seja o grande Satã, mas porque raramente terminamos de maratonar *qualquer coisa* (ou postar nas redes sociais,

ou comer muitos hambúrgueres e batatas fritas do Five Guys etc.) nos sentindo acordados e realmente vivos, descansados, revigorados, prontos para um novo dia. Atrasamos o inevitável: uma queda emocional. E, consequentemente, perdemos a sensação de estar unidos a Deus, que é o que nos dá vida. _____

10. **Isolamento** — Você se sente desconectado de Deus, dos outros e da própria alma. Nessas raras ocasiões em que você realmente consegue parar para fazer uma oração (e, por fazer uma oração, não quero dizer pedir coisas a Deus, quero dizer ficar em silêncio com Deus), você está tão estressado e distraído que sua mente não consegue sossegar tempo o suficiente para aproveitar a companhia do Pai. É a mesma coisa com seus amigos: quando você está com eles, você também está com seu celular ou a um milhão de quilômetros de distância em sua mente, pensando em sua lista de afazeres. Mesmo quando está sozinho, encara o vazio que é sua alma e, imediatamente, foge de volta para a rotina familiar da ocupação e da distração digital.[6] _____

O.k., faça as contas...

Qual foi sua pontuação?

7 de 10?

8?

Bem, não se preocupe; você não está só.[7]

Rejeite qualquer culpa ou vergonha que esteja sentindo agora. Isso não o ajuda, raramente vem de Deus e, definitivamente, não era esse o meu objetivo com esse exercício.

O que quero comprovar é que uma vida de velocidade, ocupada demais e apressada é o novo padrão do mundo ocidental, e é *tóxica*. Psicólogos nos dizem que a ansiedade geralmente é o aviso, a forma que nossas almas encontram de nos dizerem que há algo profundamente errado e que precisamos dar um jeito, rápido. Em um estudo recente, 39% dos norte-americanos relataram estarem mais ansiosos do que estavam um ano antes.[8] Isso não é algo sobre prestar atenção; é uma epidemia emocional. Como minha avó costumava dizer: "Só porque todo mundo faz, não quer dizer que é inteligente".

E como eu disse antes: a pressa é uma ameaça não só para nossa saúde emocional, mas também para nossa vida espiritual.

Thomas Merton certa vez chamou a "pressa e pressão da vida moderna" de "uma forma generalizada de violência contemporânea".[9] *Violência* é a palavra perfeita.

A pressa mata relacionamentos. O amor leva tempo; a pressa não tem esse tempo.

Ela mata a alegria, a gratidão, a valorização; as pessoas que estão correndo não têm tempo para enxergar a beleza do momento.

Ela mata a sabedoria; a sabedoria nasce do silêncio, da lentidão. A sabedoria tem um ritmo próprio. Ela faz com que você aguarde por ela — aguarde a voz interior emergir em sua mente tempestuosa, mas não até que as águas do pensamento sosseguem e se acalmem.

A pressa mata tudo o que é precioso para nós: a espiritualidade, a saúde, o casamento, a família, o trabalho cuidadoso, a criatividade, a generosidade... Qualquer que seja seu valor. A pressa é um predador sociopata à solta em nossa sociedade.

Em seu tocante livro sobre o Sabático, Wayne Muller observou:

> Uma vida "bem-sucedida" se tornou uma empreitada violenta. Nós lutamos com nosso próprio corpo, levando-o além de seus limites; lutamos com nossos filhos, porque não encontramos tempo o suficiente para ficar com eles quando estão magoados e assustados e precisam de nossa companhia; lutamos com nosso espírito, porque estamos preocupados demais para ouvir as vozes serenas que querem nos nutrir e nos revigorar; lutamos com nossa comunidade, porque estamos receosamente protegendo o que temos e não nos sentimos seguros o suficiente para sermos gentis e generosos; lutamos com a terra, porque não conseguimos ter um tempo para colocar os pés no chão e permitir que ela nos nutra, para experimentar suas bençãos e agradecer.[10]

A poeta Mary Oliver, que não era cristã, mas buscou a espiritualidade por toda sua vida, escreveu algo parecido: "A atenção é o princípio da devoção".[11] Adoração e alegria começam com a capacidade de focar a atenção de nossa mente em Deus, que está sempre conosco no presente. Como aprendizes de Jesus, essa é nossa tarefa principal e *também* o local do estratagema do diabo contra nós. Muitos perceberam que o mundo moderno é uma conspiração virtual contra a vida interior. É difícil não ver uma força mais obscura do que o simples capitalismo por trás de tudo isso. Quando nos apressamos pelo terreno digital sem pensar de forma crítica, deixamos o trabalho do diabo relativamente fácil. Independente de nossa faixa de renda, a atenção é nosso recurso mais escasso. Jesus disse sabiamente que nossos corações estarão onde estiverem nossos tesouros.[12] Normalmente, interpretamos o termo *tesouro* como um de nossos recursos básicos: tempo e dinheiro. Mas um recurso ainda mais precioso é a atenção. Sem ela nossa vida espiritual morre no útero.

Algo está profundamente errado   51

Porque a *atenção* leva à *percepção*. Todos os contemplativos concordam. Os místicos apontam que o que falta é percepção. Ou seja, no problema crônico da experiência humana de se sentir distante de Deus, Ele geralmente não é o culpado. Deus é onipresente — não há um lugar em que Ele não esteja. E também não há um tempo onde Ele não esteja. Nossa *percepção* de Deus é o problema, e esse problema é grave.

Tantas pessoas vivem sem a sensação da presença de Deus durante o dia. Falamos da ausência d'Ele como se fosse essa a grande questão da teodiceia. E eu entendo isso, pois passei pela escuridão da alma. Mas não é possível que, com algumas exceções, nós sejamos os ausentes, e não Deus? Ficamos por aí, sendo sugados por nossos celulares, nossas TVs ou listas de afazeres, insensíveis ao Deus que está ao nosso redor, conosco, *dentro de nós*, ainda mais desejoso do que nós por um relacionamento.

É por isso que falo tanto sobre a tecnologia. Com o risco de parecer um líder de culto supercuidadoso com cuspe na barba, ou um ludita fundamentalista com algo a provar, temo pelo futuro da igreja. Há mais em jogo do que nossa capacidade de concentração.

Porque *você se torna aquilo a que dá sua atenção.*

Colocando de outra forma: a mente é o portal para a alma, e aquilo com o que você enche sua mente modelará a trajetória de seu caráter. Por fim, sua vida não é nada além da soma daquilo a que você dá sua atenção. Esse é um bom augúrio para aqueles aprendizes de Jesus que dão a maior parte de sua atenção para Ele e para tudo aquilo que é bom, belo e verdadeiro nesse mundo. Mas não para aqueles que dão sua atenção para o ciclo diário de notícias de ultraje e ansiedade e para os dramas carregados de emoção, ou para o fluxo sem fim de fofoca sobre celebridades, a excitação e a tagarelice cultural (como se pudéssemos "dar" nossa atenção para começo de conversa; muito dela é roubada por um algoritmo inteligente que está ali para monetizar nossa preciosa atenção).

Mas, novamente: nós nos tornamos aquilo a que damos nossa atenção, para o bem e para o mal.

Algumas das pessoas mais sinceras e honestas que conheço me dizem que, quando estão na presença de Deus, não conseguem prestar atenção. Se perdemos nossa capacidade de prestar atenção em Deus — por períodos longos ou curtos de tempo — quem sabe o que nos tornaremos?

Veja, a pressa não é tóxica apenas para nossa saúde emocional e vida espiritual, mas também é um sintoma de problemas muito mais profundos do coração.

Adoro como John Ortberg estruturou isso nesta frase: "A pressa não é apenas um cronograma desorganizado. A pressa é um coração desorganizado".[13]

Muito frequentemente, nossa pressa é um sinal de outra coisa. Algo mais profundo. Geralmente de que estamos fugindo de algo — mágoas paternas, traumas de infância, sobrenomes, inseguranças profundas ou déficits de autovalorização, medo de falhar, inabilidade patológica de aceitar as limitações de nossa humanidade, ou simples tédio com o mundanismo da vida média.

Ou estamos correndo *em direção a* algo — promoções, compras, experiências, carimbos em nossos passaportes, a próxima dose — buscando em vão por algo que nenhuma experiência terrena tem para oferecer: uma sensação de autovalorização, amor e aceitação. Na meritocracia do ocidente, é fácil nos sentirmos como se fôssemos tão bons quanto nossas comissões de vendas, relatórios trimestrais, singles musicais, *sermões*, posts do Instagram ou novos brinquedos. Então, ficamos constantemente sem ar, perseguindo nossa mente em fuga.

De vez em quando, nossa pressa é menos dramática: apenas estamos ocupados demais, somos mais vítimas dos direitos e deveres do mundo moderno do que culpados de praticar o escapismo. Mas, de qualquer forma, o efeito é o mesmo. Isso é o que William Irvine chama de "viver errado". Em seu livro *A Guide to the Good Life* [*Um Guia Para a Boa Vida,* em tradução livre], ele escreveu:

> Há o risco de você viver errado — de que, apesar de toda sua atividade, apesar de todas as distrações prazerosas que você pode ter aproveitado em vida, acabará vivendo uma vida ruim. Há, em outras palavras, um risco de que, estando em seu leito de morte, você olhe para trás e perceba que perdeu sua única chance de viver. Em vez de passar a vida em busca de algo genuinamente valioso, você a desperdiçou porque se permitiu ser distraído pelos muitos enfeites que a vida tem para oferecer.[14]

Encaixa-se aqui a fala assombrosa de Jesus de Nazaré: "Pois, de que adianta ganhar o mundo inteiro e perder sua alma?"[15]

Você perdeu sua alma? Ou pelo menos parte dela?

Quer recuperá-la? Continue lendo este livro.

Parte dois:

A solução

Dica: A solução não é mais tempo

Então.

Temos um problema.

Tempo.

Mas o negócio é o seguinte — e por favor preste atenção — a solução *não* é mais tempo.

Com certa frequência, me pego dizendo: "*Queria que o dia tivesse 10 horas a mais*". Mas, no mesmo momento em que falo isso, percebo que minha lógica é falha. Pense nisso: mesmo se Deus fosse um gênio da lâmpada, como aquele na voz de Robin Williams, para transformar meus desejos em realidade, e que ele alterasse a estrutura do universo para me dar 10 horas a mais no dia, o que eu provavelmente faria com essas 10 horas? A mesma coisa que a maioria das pessoas — eu as preencheria com *mais* coisas ainda e, então, ficaria ainda *mais* cansado, esgotado, desgastado emocional e espiritualmente e em maior risco do que estou agora.

Não me entenda mal; eu as preencheria com coisas boas, coisas ótimas até. Voltaria a estudar música, aprenderia a Sonata Pathétique no piano, começaria uma banda. Leria *Anna Karenina*. Depois a biblioteca inteira do David Foster Wallace. Seria voluntário na escola dos meus filhos e no programa diário da nossa igreja para alimentar os sem-teto. Seria mais hospitaleiro com os vizinhos. Passaria mais tempo com meus filhos. Eu me tornaria um chef — sim, sem dúvida! E, então, entraria no CrossFit. Barriga tanquinho e tapas. Viajaria principalmente para lugares onde pudesse exibir o tal tanquinho. Voltaria a estudar. Finalmente terminaria de assistir a *West Wing: Nos Bastidores do Poder* (parei na 5ª temporada). Escreveria poesia. Eu... ah, espere, acho que usei minhas 10 horas extras e outras mais. O mesmo problema *outra vez*.

O que você faria? BASE jumping? Tricotaria uma blusa para o inverno? Começaria uma organização sem fins lucrativos? Independentemente do que fizesse, provavelmente terminaria como eu — ainda mais exausto do que está agora.

Eis o que quero dizer com isso: a solução para uma vida ocupada demais *não* é mais tempo.

É desacelerar e simplificar nossa vida em torno do que importa de verdade.

Temos todos os tipos de pensadores seculares perspicazes, como Greg McKeown e Joshua Fields Millburn, escrevendo sobre essencialismo e minimalismo, o que é ótimo. Devoro todos esses livros.[1] Mas essas ideias são o que os seguidores de Jesus vêm dizendo há *milênios*. Chegaremos ao cruzamento entre a pressa e o caminho de Jesus em algumas páginas, mas, nesse momento, pense sobre *Gênesis*, o livro de abertura na biblioteca da Escritura. A narrativa de nossa definição diz que somos criados "à imagem de Deus"[2], mas também que somos formados "do pó da terra".[3]

Imagem e pó.

Ser criado à imagem de Deus significa que estamos repletos de potencial. Que temos a capacidade Divina em nosso DNA. Somos *como* Deus. Fomos criados "à imagem de" seu comportamento, para *governar* como Ele, para juntar a matéria-prima de nosso planeta e transformá-la em um mundo em que os seres humanos possam florescer e prosperar.

Mas essa é apenas metade da história.

Também somos formados do pó, "das cinzas às cinzas, do pó ao pó": somos os primeiros recipientes biodegradáveis. O que significa que nascemos com limitações. Não somos Deus. Somos mortais, não imortais. Finitos, não infinitos.

Imagem e pó.

Potencial e limitações.

Uma das principais tarefas quando somos aprendizes de Jesus é viver tanto nosso potencial *quanto* nossas limitações.

Atualmente se fala muito sobre atingir seu potencial por inteiro, e eu apoio isso completamente. Vá em frente. Arrisque-se. Tenha fé. Vá atrás dos sonhos que Deus colocou em seu coração. Transforme-se na versão repleta de cores de quem você foi feito para ser.

No entanto, mais uma vez, essa é apenas metade da história.

O que você ouve muito pouco — dentro *ou* fora da igreja — é sobre aceitar suas limitações.

Não parece um best-seller do *New York Times*, não é? *Aceitando suas Limitações: Como Estar em Paz com sua Mortalidade e Insignificância Cósmica.* É, por melhor que meu editor seja, não acho que ele aceitaria isso.[4]

Vivemos em uma cultura que quer transgredir todas as limitações, não aceitá-las — enganar o tempo e o espaço. Ser "como Deus".[5] Assistir a todos os filmes novos, ouvir todos os podcasts novos, ler todos os livros novos (e não se esqueça dos clássicos!), ouvir todos os álbuns, ir a todos os shows, dirigir por todas as estradas, viajar para todos os países (outro carimbo no passaporte, *por favor*), comer em todos os restaurantes novos, festejar em todas as inaugurações de bares, ser amigo de todos os novos rostos, consertar todos os problemas da sociedade, ser o melhor em todos os campos, ganhar todos os prêmios, estar em todas as listas de melhores...

#YOLO*

#FOMO**

#tãoestressadoquenãoconsigorespirar

---

* NT: Acrônimo para You Only Live Once (Só se vive uma vez) muito usado em redes sociais.

** NT: Acrônimo para Fear Of Missing Out (Medo de Perder as Coisas) mais recente, mas também amplamente usado nas redes sociais.

Já ouviu pessoas falarem sobre "ansiedade de entretenimento"? Adoro essa ideia. Chegamos ao ponto em que existem tantas coisas boas na TV, no cinema e na arte para consumirmos que, toda vez que alguém me pergunta "Você já assistiu a _____?", imediatamente sinto uma onda de ansiedade: *"Ah, não, sério? Outra série para entrar na lista?"* Como eu disse, já estou três temporadas atrasado em *West Wing: Nos Bastidores do Poder* (onde eu estava no fim dos anos 1990?) e, agora, descubro que tem uma série independente britânica chamada *The Night Manager* que, aparentemente, *preciso* assistir, mesmo que eu não passe nem perto de ser descolado e culto.

Lá se vão outras 20 horas que eu não tenho. Dãã...

Olhe, tenho boas notícias para você. Ótimas notícias, na verdade.

Você.

Não consegue.

Fazer.

Tudo.

Nem eu.

Somos *humanos*. Tempo, espaço, estar em um lugar de cada vez, toda aquelas coisas irritantes que envolvem não ser onipresente.

Dica: A solução não é mais tempo 61

Temos limitações. Muitas. As limitações incluem, mas não estão, bem... limitadas a estas:

1. Nosso corpo. Como eu disse, ao contrário do Luke Skywalker, não conseguimos estar em dois lugares ao mesmo tempo. Por isso está entre as limitações.

2. Nossa mente. Apenas conseguimos "conhecer em parte"[6], como disse Paulo uma vez, e o problema é que não sabemos o que não sabemos. Ninguém é uma enciclopédia. Todos deixamos coisas passar. Como o próprio ditado: "Meu povo foi destruído por falta de conhecimento".[7] Aquilo que não sabemos pode e, geralmente vai, nos prejudicar. Nossos QIs, que *não* são exatamente iguais, também nos limitam. Sim, a mente é como um músculo, e podemos exercitá-la até que atinja todo o seu potencial. Mas não importa o quanto eu leia, estude, ou quantos diplomas tenha, simplesmente nunca terei a inteligência de muitas das pessoas que admiro. Essa é uma limitação bastante significativa.

3. Nossos dons. De forma similar à observação anterior, eu simplesmente nunca terei os dons de muitas das pessoas que mais admiro. Essa comparação serve apenas para corroer nossa alegria, não é? Seja o que for que você goste de fazer — educação dos filhos, pintura, música, empreendedorismo, origami, tanto faz — *sempre* vai ter alguém melhor nisso do que você. Isso dói, não é? Mas por quê? O que, na condição humana, torna quase impossível que muitos de nós celebremos tanto aqueles que são melhores do que nós *quanto* nosso maior esforço? Quando o padrão de sucesso se tornou a obra-prima de uma celebridade, e não nosso suor e nossas lágrimas?

4. Nossa personalidade e nosso estado emocional. Temos uma capacidade limitada. Sou introvertido. Na verdade, sou muito bom com pessoas, mas minha rede de relacionamentos é pequena. Também sou melancólico por natureza. Odeio admitir, mas algumas pessoas têm *muito* mais habilidade do que eu. Conseguem se relacionar com mais pessoas, ter mais responsabilidades, lidar melhor com o estresse, trabalhar mais horas, liderar mais pessoas do que eu sequer poderia sonhar, e assim sucessivamente. Mesmo a melhor versão de mim não consegue fazer tudo.

5. Nossa família de origem. Nenhum de nós começa com uma folha em branco. Alguns já começam com uma certa vantagem na vida. Outros ficam para trás no início. Uma ferida materna. Um pai ausente. Fé nominal ou não existente em nossos pais. Pobreza geracional. Nossa família impõe alguns limites em nossa vida antes mesmo de sairmos do ventre.

6. Nossa origem socioeconômica. Os Estados Unidos foram construídos ao redor do mito de uma sociedade sem classes. Um mito que esconde um grande poço de injustiças. A verdade é que, mesmo na terra das oportunidades, algumas pessoas simplesmente têm mais oportunidades do que outras. Uma das grandes tragédias dos Estados Unidos é que o privilégio está, muitas vezes (ou quase sempre), ligado à cor da sua pele. Se você for como eu — branco, homem, classe média — percebe, após um tempo, que iniciou o jogo na terceira base e que alguns de seus amigos iniciaram no estacionamento. Trapacearam a seu favor. Mas não interessa quão alto na hierarquia ocidental você tenha iniciado, *sempre* existe alguém mais alto do que você. Sempre.

7. Nossa educação e carreira. Se você largou a escola no ensino médio, isso é uma limitação. Se tem um PhD de Harvard, é outra, de uma forma muito esquisita. Sua carreira pode limitá-lo ou porque paga pouco ou porque exige muito de suas reservas energéticas, *ou ainda* porque você é tão bem--sucedido que tem que trabalhar uma carga horária insana para dar conta de tudo.

8. As fases da nossa vida e suas responsabilidades — tipo ir para a faculdade, criar um filho pequeno ou cuidar dos pais que estão morrendo. Em algumas fases, temos pouquíssimo tempo para dispender. Muitas pessoas perceberam que temos pouco dinheiro quando somos jovens, mas temos bastante tempo. Principalmente quando somos solteiros. No entanto, à medida que envelhecemos e escolhemos as dificuldades que definem nossa vida, tudo isso muda: muitos têm dinheiro, mas pouco tempo. Estou chegando aos 40 anos; tenho uma casa, dinheiro para comer em um restaurante de vez em quando, até para passar as férias no Kauai com certa frequência — coisas com as quais, aos 20 anos, apenas sonhava. Mas não tenho praticamente nenhum tempo livre. Entre meu trabalho como pastor e meu (mais importante ainda) trabalho como marido e pai, meus dias estão superlotados. A família é uma limitação. Pensei em renomear meus filhos como Limitação 1, Limitação 2 e Limitação 3... Eles me tomam tempo, e isso é verdade em qualquer relacionamento que você tem, mas especialmente no relacionamento com seus filhos — tomam uma quantidade enorme de tempo, energia e atenção. Isso não é ruim, é maravilhoso. Mas é uma limitação dessa fase da vida — que dura mais de duas décadas.

9. Nossos mais ou menos 80 anos de vida, se tivermos essa benção. Não há garantias. Mas quer cheguemos aos 18 ou aos 108, a vida é efêmera. Um dos escritores do Novo Testamento a chamou de "neblina".[8] Simplesmente não há tempo para fazer tudo, pelo menos não dessa vez.

10. O chamado de Deus para nossas vidas. Hesito em dizer isso porque seria muito fácil interpretar da forma errada, mas há limites para o chamado de Deus a cada um de nós. Penso na inveja que Pedro tinha do chamado de João, por conta de sua tarefa não tão agradável de ser crucificado de cabeça para baixo. Jesus precisou advertir Pedro com amor: "O que importa para você? Siga-me você".[9] Muitos de nós precisam ouvir essas mesmas palavras e encontrar liberdade nelas.

Essa lista está completa? Claro que não. É apenas uma amostra. A questão é que nossas limitações não são somente temporais, mas também emocionais, sociais, econômicas etc.

E se essas limitações não forem algo para combatermos, mas aceitarmos com gratidão, como uma indicação do chamado de Deus em nossa alma? Simplesmente amo a frase de Peter Scazzero: "Encontramos a vontade de Deus para nossa vida em nossas limitações".[10]

Não leia errado: pode-se dizer *o mesmo* sobre nosso potencial. Minha linguagem poderia facilmente ser manipulada ou mal interpretada para dizer algo que é, no mínimo, não norte-americano e, no máximo, injusto.

Mas duvido que o propósito de Jesus seja transformar pessoas pobres em classe média e de classe média em ricas. Jesus abençoou os "pobres em espírito"[11] aos milhares, deu a eles o

Sermão da Montanha[12] e mandou-os para casa, ainda *pobres*, porém abençoados. O propósito de Jesus é tornar as pessoas machucadas, pessoas *completas*. E isso geralmente gera mais dinheiro, oportunidades ou influência, e eu apoio isso. Afinal, fomos criados para governar a Terra; nada me traz mais alegria do que ver homens e mulheres se posicionarem como governantes amáveis, sábios, criativos e poderosos perante a sociedade.

Estou falando tudo isso para explicar que as limitações não são totalmente ruins. Elas estão nos lugares em que encontramos a vontade de Deus em nossa vida.

A principal limitação compartilhada por todos nós — independente de como sua vida começou ou quão inteligente, trabalhador e com personalidade tipo A você seja — é o tempo. Não interessa se você é CEO de uma empresa multinacional ou motorista de ônibus escolar aposentado, se você é solteiro ou cria uma família de 7 filhos, se vive sob o viaduto de uma cidade grande ou em uma fazenda no meio do Kansas sem sinal de celular ou Wi-Fi. *Ninguém* tem mais de 24 horas no dia.

Simplesmente não podemos ler, assistir, provar, experimentar, ser ou fazer tudo. Essa não é uma opção.

A vida é uma série de escolhas. Cada "sim" significa mil "nãos". A cada atividade que escolhemos dar atenção significa mil outras a que *não* podemos dar nosso tempo. Porque, isso é óbvio, não podemos estar em dois lugares ao mesmo tempo!

Temos que aprender a dizer não. *Constantemente.*
Como Anne Lamott salientou com tanto humor: "'Não' é uma sentença completa".[13] E é uma sentença que precisamos acrescentar ao nosso vocabulário.

De acordo com Henry David Thoreau, temos que "viver deliberadamente". Acabei de terminar de ler seu famoso livro, *Walden*, sobre ir para a floresta por dois anos e simplificar a vida. Veja só esta citação:

> Fui para a floresta porque queria viver deliberadamente, encarar somente os fatos essenciais da vida e ver se eu não poderia aprender o que ela tinha para ensinar, e não para descobrir, quando morresse, que não vivi.[14]

Você já se pegou pensando que um dia vai acordar em seu leito de morte com a sensação incômoda de que, de alguma forma, em meio a toda essa pressa, ocupação e atividade frenética, deixou as coisas mais importantes da vida passarem?

De alguma forma, você começou um negócio, mas terminou um casamento.

Conseguiu matricular os filhos na faculdade dos sonhos, mas nunca lhes ensinou o caminho de Jesus.

Conseguiu diversos títulos, mas aprendeu do jeito difícil que inteligência não é igual a sabedoria.

Ganhou muito dinheiro, mas nunca foi rico das coisas que mais importam. Que, ironicamente, nem são coisas.

Assistiu a todas as 14 temporadas de _____, mas nunca aprendeu a amar fazer orações.

Para mim, essa é a parte mais assustadora dessa conversa; a maioria de nós perde uma grande quantidade de tempo. Eu inclusive. Mesmo com todo esse papo de pressa e sobrecarga, a maior parte disso é autoinfligida. A pesquisa recente de Philip Zimbardo sobre a "Demise of the Guys" (ou seja, a crise da masculinidade na cultura ocidental) concluiu que os garotos passam, em média, 10 mil horas jogando videogames quando chegam aos 21 anos de idade.[15]

Dez mil horas.

Minha mente foca na pesquisa em torno dessa regra: em 10 mil horas, você conseguiria dominar qualquer ofício ou se tornar especialista em qualquer área — desde arqueologia dos povos sumérios até polo aquático olímpico. Poderia conseguir seu bacharelado e seu mestrado. Poderia decorar o Novo Testamento.

Você poderia, também, passar do nível 4 de *Call of Duty*.

Como passamos nosso tempo é como passamos nossa *vida*. É quem nos tornamos (ou não nos tornamos).

Aparentemente, sou conhecido por ser um "leitor". Leio 2 ou 3 livros por semana, o que normalmente chega a 125 livros por ano. E me sinto muito bem com isso. Pelo menos me sentia. Até que li os cálculos de Charles Chu. O norte-americano lê, em média, entre 200 e 400 palavras por minuto. Nessa velocidade, todos poderíamos ler *200* livros por ano, quase o dobro da minha cota, em apenas 417 horas.

Parece muito, não é, 417 horas? É um pouco mais de uma hora por dia.

Mas você consegue adivinhar quantas horas o norte-americano passa, em média, nas redes sociais todos os anos? A resposta é 705 horas.

E em frente à TV... *2.737,5* horas.

Isso significa que, com uma fração do tempo que damos para as redes sociais e para a televisão, *todos* poderíamos nos tornar leitores ávidos à enésima potência. Chu lamentou:

> Aqui está a simples verdade por trás da leitura de muitos livros. Não é tão difícil. Temos todo o tempo de que precisamos. A parte assustadora — a parte que todos ignoramos — é que estamos muito viciados, muito fracos e muito distraídos para fazer o que sabemos que é mais importante.[16]

Se isso que foi dito sobre a *leitura* for verdade, o que mais é verdade em relação à nossa vida com Deus?

Para o que mais poderíamos dar milhares de horas por ano?

Em 20 minutos de *Candy Crush* no tempo que passamos no ônibus pela manhã, poderíamos orar por cada um de nossos amigos e membros de nossa família.

Em uma hora de TV antes de dormir, poderíamos ler a Bíblia inteira. Em seis meses.

Em um dia cheio de incumbências e compra de coisas que, na verdade, não precisamos, poderíamos praticar o Sabático (aos domingos) — um dia inteiro de nossa vida dedicado ao descanso, à adoração e à celebração de nossa jornada através do bom mundo de Deus.

Você entende o que quero dizer?

Muito antes de Thoreau ir para o mato, Paulo disse:

> Tenham cuidado com a maneira como vocês vivem; que não sejam como insensatos, mas como sábios, aproveitando ao máximo cada oportunidade, porque os dias são maus.[17]

A penúltima frase pode ser traduzida do grego de algumas formas:

- Resgate o tempo
- Aproveite bem o tempo
- Aproveite bem todas as oportunidades

Cada dia é uma nova chance. Cada hora é uma nova oportunidade. Cada momento é um presente precioso.

Como você vai passar seus dias, suas horas? Vai esbanjá-los com coisas supérfluas? Ou vai investi-los na vida, que é eterna?

É claro que a maioria *quer* passar o tempo de forma sábia. Mas muitos de nós não somos solteiros como Paulo, ou não somos um solteirão independente e rico como Thoreau. Odiamos o quão viciados estamos, o quanto nos tornamos distraídos.

Então, talvez uma forma melhor de perguntar seja: Como podemos "viver deliberadamente" *sem* ter que ir para uma floresta para encontrar a própria comida e *sem* ter que abandonar a família? Como desaceleramos, simplificamos e vivemos deliberadamente *bem em meio* ao caos desse mundo barulhento, acelerado, urbano e digital em que vivemos?

Bem, essa resposta é fácil: siga o caminho de Jesus.

O segredo do jugo suave

E agora a pergunta que todos estão se fazendo: O que tudo isso tem a ver com seguir o caminho de Jesus?

No fim das contas, isso é meio que meu trabalho. Sou um pastor e um professor que ensina o caminho de Jesus, e não um terapeuta, um guru de autoajuda ou um consultor de gerenciamento de tempo. Infelizmente. Palestrante motivacional soa muito bem. No entanto, é mais provável que eu diga "Abram suas Bíblias na página tal..." do que lhe ofereça uma dica ou técnica sobre como tornar seu sonho de abrir um pequeno negócio realidade; ou, ainda, que eu passe a proporção exata entre proteínas e carboidratos que revolucionará sua rotina matinal. Quem me dera!

Mas acho que você está lendo este livro não *apenas* porque se sente apressado, mas também porque, de alguma maneira, você acha que a vida de Jesus é interessante.

(É isso, ou você é solteiro e acha a garota (ou o garoto) que lhe deu esse livro interessante. De qualquer forma, estou feliz que você tenha embarcado comigo nessa jornada.)

Se fosse apostar, diria que, mesmo antes de eu falar qualquer coisa, você já foi esperto o suficiente para perceber algum tipo de correlação existente entre a pressa e a espiritualidade. Eu apenas juntei linguagem, história e dados àquilo que você já sabe: temos um problema com relação à pressa. Se você ainda está lendo este livro, significa que é o tipo de pessoa que precisa terminar todos os livros que começou (compartilhamos a mesma psicose), ou que você ainda tem fé suficiente em mim e está otimista quanto à existência de uma solução no meio caminho.

Deixe-me lhe mostrar o que o caminho de Jesus tem a dizer sobre a epidemia da pressa.

Para começar, Jesus era um rabino (que, em hebraico, significa "professor"). Sim, ele foi mais do que isso — o Messias, a personificação do próprio Deus. Acredito profundamente nisso. Mas, se você tivesse sido um judeu do século I e Jesus aparecesse em sua sinagoga em uma manhã de Sabático, provavelmente você o teria encaixado na categoria de rabino ou de sábio viajante.

E, como todo rabino de sua época, Jesus era as duas coisas.

A primeira delas é que ele tinha um jugo. Não um jugo propriamente dito; ele era um professor, não um fazendeiro. Jugo era o termo comumente usado no século I para dar nome à forma como um rabino interpretava a Torá. Era, também, o conjunto de ensinamentos do rabino sobre como ser um humano. Ou seja, era sua forma de suportar o peso da vida (algumas vezes paralisante) — casamento, divórcio, oração, dinheiro, sexo, resolução de conflitos, governo — tudo isso junto. É uma imagem estranha para aqueles de nós que não vivem em uma sociedade agrária. Mas imagine que um jugo seja isto: dois bois trabalhando juntos, puxando uma carroça para arar um campo. Ou seja, um jugo é como você suporta uma carga.

O que tornava Jesus único não era o fato de ele ter um jugo; todos os rabinos tinham um. Era o fato de ele ter um jugo *suave*.

Em segundo lugar, Jesus tinha aprendizes. Em hebraico, a palavra para isso é *talmidim*. Geralmente é traduzida para "discípulos" e tudo bem; mas, em minha opinião, uma palavra que define melhor a ideia por trás de *talmidim* é "aprendizes".

Ser um dos *talmidim* de Jesus é o mesmo que ser um aprendiz de Jesus. Ou seja, é organizar sua vida em torno de três objetivos básicos:

1. Estar com Jesus.

2. Ser como Jesus.

3. Fazer o que Ele faria se Ele fosse você.

A razão de ser aprendiz é basear *toda* sua vida em Jesus. E recuperar sua alma ao fazer isso. Para que a parte de você que estava deformada tome forma novamente. Experimentar a cura na parte mais profunda de seu ser. Experimentar o que Jesus chamou de "viver... plenamente".[1] E o que os escritores do Novo Testamento chamam de "salvação".[2] Lembrem-se de que a palavra em grego para "salvação" é *soteria*, que também é o mesmo que "cura". Quando você estiver lendo o Novo Testamento e ler que alguém foi "curado" por Jesus, subentende-se que alguém foi "salvo" por Jesus; *você estará lendo a mesma palavra em grego.* Porque salvação *é* cura. Mesmo a etimologia da palavra em inglês para *salvação* vem do latim *salve*. Como uma pomada que você coloca em uma queimadura ou uma ferida. Era isso que Jesus fazia — curar as pessoas, salvá-las em um nível mais profundo, em sua alma.

Como? Por meio de seus ensinamentos.

Então, por onde quer que Jesus passasse, ele estava sempre fazendo um convite.

Geralmente era um convite como este:

Sigam-me.[3]

Ou este:

Venha, seja meu aprendiz.

Esse era o convite-padrão de Jesus para que as pessoas o seguissem e encontrassem a cura tornando-se seus aprendizes. Eu o amo. Mas voltemos a *outro* convite de Jesus. Aquele com o qual iniciamos este livro, de Mateus 11. Não é muito conhecido, mas com certeza é meu preferido. Faça-me um favor: releia-o, mas, dessa vez, mais lentamente, dando tempo para que cada palavra se metabolize dentro de seu sistema:

Venham a mim, todos os que estão cansados e sobrecarregados, e eu lhes darei descanso. Tomem sobre vocês o meu jugo e aprendam de mim, pois sou manso e humilde de coração, e vocês encontrarão descanso para as suas almas. Pois o meu jugo é suave e o meu fardo é leve.[4]

Certo, vamos ler *mais uma* vez. Mais lentamente ainda.
Respire fundo; não apresse essa parte. Deus tem algo para você nesse momento:

Venham a mim, todos os que estão cansados e sobrecarregados...

E eu lhes darei descanso...

Tomem sobre vocês o meu jugo e aprendam de mim...

Pois sou manso e humilde de coração...

E vocês encontrarão descanso para as suas almas...

Pois o meu jugo é suave...

E o meu fardo é leve.

Agora leia a paráfrase de Eugene Peterson desses mesmos versos em *A Mensagem*. Novamente de forma mais lenta.

Você está cansado? Exausto? Esgotado da religião? Venha até mim. Vá embora comigo e recuperará sua vida. Mostrarei a você como descansar de verdade. Ande comigo e trabalhe comigo — veja como fazê-lo. Aprenda os ritmos naturais da graça. Não depositarei nada pesado ou que não se ajuste em você. Fique comigo e aprenderá a viver livre e levemente.

"Aprenda os ritmos naturais da graça". Quão boa é essa frase?

Isso é um *convite* — para todos os que estão cansados, esgotados, estressados e para todos aqueles presos no trânsito e atrasados em suas listas de afazeres, pegando *outra* xícara de café para conseguir vencer o dia.

Há alguém se sentindo assim por aí?

Deixe-me reformular a pergunta: Há alguém que *não* esteja se sentindo assim por aí?

Em seu artigo para o BuzzFeed, *How Millennials Became the Burnout Generation*, Anne Petersen comentou que "o esgotamento não é um lugar que visitamos e vamos embora; é nossa residência permanente". O que costumava ser a experiência isolada de um day trader nova iorquino ou de um médico de plantão, agora é a realidade da *maioria* das pessoas. Petersen fez uma crítica esclarecedora a respeito da indústria de autorrealização de 11 bilhões de dólares e da impossibilidade de um dia no spa resolver nosso problema de esgotamento. No entanto, após um longo diagnóstico do tédio de nossa geração, a única tentativa de solução que ela ofereceu foi o "socialismo democrático e... sindicatos. Estamos começando a entender o que nos aflige, e não é algo que um tratamento facial com oxigênio ou uma esteira possam resolver".[5]

Não tenho nada contra sindicatos; por mim tudo bem também o socialismo democrático (não me julgue — Lembra? Portland?). Mas duvido seriamente que isso será mais efetivo contra o esgotamento do que óleos essenciais.

O convite de Jesus é para assumir seu jugo — passarmos a vida ao lado dele, aprendendo com ele como suportar o peso da vida com facilidade. Sair da sociedade do esgotamento para uma vida de descanso da alma.

Ora, isso parece ótimo, mas deixe-me falar do elefante branco na sala: quantos de vocês leem esse convite de Jesus e pensam...

Acho que sou um seguidor de Jesus, até onde posso ver.

Mas, honestamente, estou *cansado.*

Estou *exausto. Vivo com uma leve fadiga que raramente desaparece.*

E honestamente? Estou *um pouquinho cansado da religião.*

O que está acontecendo? Estou deixando passar algo?

Precisei de muitos anos — muitos deles indo ladeira abaixo — para descobrir que *sim, estou* deixando passar algo. Algo que esteve bem na minha frente a maior parte da minha vida.

Agora ouça com atenção: se você cresceu na igreja, a probabilidade de você conhecer muito bem esse versículo em *Mateus* é alta. Ele já virou clichê em algumas comunidades. Cresci na década de 1980 (nem de perto era tão legal quanto parece em *Stranger Things*), época em que avós cristãs bordavam versículos da Bíblia e os colocavam em quadros na parede do banheiro, à direita do sabonete. Alguém sabe do que estou falando? É… Esse versículo era um dos preferidos das avós por todo o mundo ocidental. E o perigo disso é que é fácil não se sensibilizar ou, até mesmo, não enxergar o que ele quer transmitir.

Nas entrelinhas desse versículo, está o convite de Jesus que Dallas Willard chamou de "o segredo do jugo suave".

Leia o que ele escreveu sobre Mateus 11:

> Nesta verdade está o segredo do jugo suave: o segredo envolve viver como [Jesus] viveu durante toda a sua vida — adotar o seu estilo de vida completo (…)

Nosso erro é pensar que seguir Jesus significa amar nossos inimigos, fazer mais do que o esperado, não revidar uma injúria, sofrer pacientemente e manter a esperança — enquanto vivemos o restante de nossas vidas como todos à nossa volta (...) É uma estratégia fadada ao fracasso.[6]

O que ele diz é simples, porém profundo.

Eis minha paráfrase sobre o segredo do jugo suave:

Se você quer experimentar a *vida* de Jesus, precisa adotar o *estilo de vida* de Jesus.

Mais uma vez:

Se quer experimentar a *vida* de Jesus, precisa adotar o *estilo de vida* de Jesus.

Quando senti um estalo em mim, tudo mudou. Vou lhe contar uma história rápida para explicar.

Moro exatamente no limite do centro de Portland, em uma vizinhança curiosa e microurbana. Do outro lado da rua, tem uma casa cheia de pessoas solteiras que são praticamente uma propaganda ambulante da Nike. A empresa Nike se localiza nos subúrbios de Portland; não sei se eles trabalham para a Nike ou se são patrocinados pela empresa, ou coisa parecida; mas todos os seis habitantes da casa são corredores ávidos. Assim, eu corro... mas não sou um *corredor*. Entende o que quero dizer? Essas pessoas são corredoras.

Com frequência, de manhã cedo, enquanto estou ali sentado, tomando meu café e orando, eu os vejo saírem de casa para uma corrida ao nascer do sol. Naturalmente, todos usam aquelas calças apertadas e, acredite em mim, eles ficam *bem* nelas. Gordura corporal medida em um só dígito. Aquela aparência magra, mas musculosa. Postura impecável: ombros para trás, queixo para cima. Então eles começam a se exibir... quero dizer, a correr. Eles se parecem mais com antílopes do que com humanos. De verdade, o aquecimento deles é mais rápido do que minha corrida. (O.k., minha corrida está precisando de um estímulo, mas mesmo assim.)

Normalmente, enquanto os vejo desaparecer, penso comigo mesmo que *quero aquilo*. Quero parecer bem em uma calça de lycra. (Infelizmente, a *Runner's World* ainda não me ligou para marcar uma sessão de fotos.) Quero correr 1,5 quilômetros em seis minutos sem suar. Quero atingir aquele nível de saúde, energia e vitalidade.

Quero aquela vida.

Mas aí eu penso no estilo de vida que está por trás disso.

Enquanto eu estava acordado, assistindo à série *The Man in the High Castle* e bebendo vinho tinto até meia-noite (um cenário hipotético, prometo...), eles comeram aipo com água no jantar e foram dormir às 21 horas.

Enquanto eu estava bebericando meu café de origem única queniano, ainda em meu roupão, eles estavam lá suando durante o verão grudento e o inverno gelado.

Quando corro, atualizo algum podcast ou olho para o horizonte, pensando no que vou ensinar no domingo; eles correm em intervalos de 400 metros e forçam os pulmões até seu máximo.

Faço uma análise de custo-benefício e decido, rapidamente, que, por melhor que eles pareçam em suas roupas na neblina matinal, não vale a dor. Então me torno um simples espectador.

A realidade é que *quero aquela vida, mas não quero adotar o estilo de vida por trás dela.*

Acho que essa é a forma como muitos de nós nos sentimos a respeito de Jesus.

Lemos as histórias de Jesus — sua alegria, sua paz resoluta em meio às incertezas, sua presença sem ansiedade, sua maneira relaxada e como ele vivia no momento — e pensamos "*quero aquela vida*". Ouvimos seu convite aberto para "viver… plenamente" e pensamos "*É isso que eu quero*". Ouvimos sobre seu jugo suave e o descanso até a alma e pensamos "*Senhor, sim,* caramba, *sim. Eu* preciso *disso*". Mas não queremos adotar seu estilo de vida.

No caso de Jesus, o entanto, vale a pena. Na verdade, você recebe muito mais do que aquilo de que abriu mão. Há uma cruz, sim, uma morte, mas ela é seguida de uma tumba vazia, um novo portal para a vida. Porque, no caminho de Jesus, a morte é *sempre* seguida de ressurreição.

Eis minha convicção: a igreja ocidental perdeu o foco no fato de que o caminho de Jesus é apenas isto: um *caminho* para a vida. Não é somente um conjunto de ideias (a que denominamos *teologia*) ou uma lista do que fazer e do que não fazer (a que denominamos *ética*). Quero dizer, é isso, mas é muito mais. É uma maneira de viver baseada em como o próprio Jesus vivia. É um estilo de vida.

A tradição de igreja em que cresci falava muito sobre teologia e ética, mas quase nada era dito a respeito do estilo de vida. No entanto, é no estilo de vida que está o segredo.

Vamos aproveitar para ver o que mais Eugene Peterson escreveu. Certa vez ele escreveu sobre a metáfora de Jesus e seu caminho:

> O caminho de Jesus unido à verdade de Jesus resulta na vida de Jesus (...)
>
> Mas Jesus, como verdade, recebe muito mais atenção do que Jesus como caminho. Jesus como caminho é a metáfora mais frequentemente evitada entre os cristãos com quem trabalhei por 50 anos como pastor norte-americano.[7]

Aparentemente, minha igreja não era a única a "des-enfatizar" o caminho de Jesus como um estilo de vida. Que erro trágico!

Sua vida é o produto do seu estilo de vida. Com *vida*, quero dizer experiência da condição humana; e com *estilo de vida*, ritmos e rotinas que formam sua existência diária. A forma como organiza seu tempo. Gasta seu dinheiro.

Há um ditado em livros sobre negócios que eu adoro: "Todo sistema é desenvolvido perfeitamente para obter os resultados que obtém". Geralmente, isso se aplica a componentes ou resultados, mas acho que serve para a vida como um todo.

Se os resultados que você obtém são péssimos — ansiedade moderada, depressão leve, níveis altos de estresse, esgotamento emocional crônico, pouca ou nenhuma sensação da presença de Deus, incapacidade de manter a mente focada nas coisas da vida etc. — então há uma boa chance de o sistema da sua vida estar desequilibrado. A forma como você organiza sua rotina matinal (ou noturna), sua programação, seu orçamento, seu relacionamento com seu celular, como gerencia seus recursos de tempo, dinheiro e atenção etc. — *algo* não está certo.

Já ouvimos diversas vezes que "a definição de *insanidade* é fazer a mesma coisa repetidas vezes, esperando resultados diferentes". Mas é *exatamente* isso que fazemos. Temos uma visão de um estilo de vida possível em Jesus; vamos à igreja, lemos um livro ou escutamos um podcast; temos um vislumbre do estilo de vida que desejamos — uma vida com saúde emocional e espiritual. Nosso "eu" interior imediatamente diz; "*Sim. Deus,* quero *aquela vida"*. Vamos da igreja para casa com toda a força de vontade que conseguimos ter e dispostos a mudar. Mas *voltamos imediatamente ao mesmo estilo de vida*. E nada muda. E o ciclo se repete: estresse, cansaço, distração. Nós nos sentimos presos mais uma vez. E pensamos "*O que estou deixando passar?"*

Esse método de mudança simplesmente não funciona.

O que funciona? Honestamente, a solução é muito, muito simples. Se você quer experimentar a vida "plena" de Jesus, o prazer consciente e ininterrupto da presença de Deus e do mundo, tudo o que precisa fazer é não apenas adotar a teologia e a ética dele, mas *também seu estilo de vida.* Simplesmente siga o caminho dele.

É isso!

Use a vida dele como um modelo para a sua. Assuma os hábitos e as práticas dele. Como aprendiz, copie todos os movimentos de seu rabino. Afinal, esse é o objetivo de ser um aprendiz.

É isso que Jesus quer dizer com a curiosa imagem de um jugo, coisa que, quando você imagina, não é uma linguagem muito usual para um convite a "encontrar descanso para as suas almas". Quer dizer, jugos são para o plantio. E plantio é trabalho, não descanso.

Frederick Dale Bruner é um dos principais estudiosos do evangelho de Mateus. Vale a pena ler sua percepção sobre o paradoxo do "jugo suave":

> Um jugo é um instrumento de trabalho. Dessa forma, quando Jesus oferece um jugo, ele oferece o que podemos pensar ser a última coisa de que trabalhadores cansados precisam. Eles precisam de um colchão ou de férias, não de um jugo.

Espero que você esteja rindo agora; isso é tão elucidativo e verdadeiro!

> Mas Jesus percebe que o maior presente de descanso que ele pode dar aos que estão cansados é uma nova forma de levar a vida, uma forma renovada de lidar com as responsabilidades (...) O realismo encara a vida como uma sucessão de cargas; não podemos escapar delas; portanto, em vez de oferecer fuga, Jesus oferece equipamento. Jesus quer dizer que a obediência ao seu Sermão na Montanha [seu jugo] desenvolverá em nós um equilíbrio e uma "forma" de levar a vida que nos dará mais descanso do que a forma como temos vivido.[8]

Você percebe a genialidade do convite de Jesus?

Existe um peso emocional, e até espiritual, na vida; *todos* o sentimos, especialmente à medida que envelhecemos. Uma vida fácil é um mito, é como alguém vender gato por lebre — é produto de uma cultura inundada de publicidade e redes sociais. A vida é difícil. Ponto final. Não tem vírgula, não tem *mas*, não tem nota de rodapé. Todos os homens e mulheres sábios da história disseram isso; nenhuma nova tecnologia, substância ou pílula jamais apagará a queda da humanidade. Na melhor das hipóteses, mitigamos seus efeitos na mesma medida que avançamos no retorno de Jesus. Mas não há como escapar da dor.

Por que você acha que existem tantos vícios em nosso mundo? Não apenas o abuso de substâncias, mas os vícios mais comuns, como em pornografia, sexo, em comer ou fazer dietas, trabalhar, viajar, comprar, em redes sociais ou, até mesmo, na igreja?

Sim, até mesmo a igreja pode ser um vício, uma dose de dopamina que você busca para escapar de uma ferida paterna, uma dor emocional ou um casamento infeliz... Mas isso é assunto para outro livro.

Pessoas no mundo inteiro — fora da igreja e dentro dela — estão buscando um escape, uma forma de fugir do peso esmagador da vida longe do Éden. Mas não há como escapar. O melhor que o mundo pode oferecer é uma distração temporária para atrasar ou negar o inevitável.

É por isso que Jesus não nos oferece um escape. Ele nos oferece algo muito melhor: "equipamento". Ele oferece a seus aprendizes uma forma completamente nova de suportar o peso da humanidade: suave. Ao lado dele. Como dois bois em um campo, amarrados um ao outro. Com Jesus cuidado da parte pesada. No ritmo dele. Lento, sem pressa, presente no momento, repleto de amor, alegria e paz.

Uma vida fácil não é uma opção; um jugo suave, sim.[9]

Estamos realmente falando sobre uma regra de vida

Se tem algo que você percebe ao ler os quatro Evangelhos, é que Jesus raramente demonstrou pressa.

Você consegue imaginar um Jesus estressado? Sendo grosseiro com Maria Madalena depois de um dia longo: "Não acredito que você derrubou o homus". Suspirando e dizendo para si mesmo: "Preciso muito de uma taça de vinho".

Você consegue imaginá-lo falando com você e enviando mensagens em seu iPhone ao mesmo tempo, respondendo "Aham" esporadicamente, enquanto você fala sozinho?

Você consegue ouvi-lo dizer: "Desculpe-me, adoraria curar sua perna, mas preciso pegar um avião. Tenho uma palestra na TEDx em Jerusalém amanhã. Este é Tadeu, meu aprendiz de que ninguém nunca ouviu falar. Ele ficará feliz em orar por você. Até mais".

Ou dizendo: "Fale com meu assistente, Judas. Vamos ver se conseguimos encaixá-lo em um horário".

Ou ainda: "De qual revista você é?" A que você responde: "Nenhuma". E os olhos dele virarem para o outro lado...

Hum, *não*.

Existe essa história em que o amigo de Jesus, Lázaro, estava doente. Com amigo, quero dizer amigo próximo. E com doente, quero dizer moribundo. Mas, quando Jesus recebeu a mensagem de que ele estava entre a vida e a morte, nos deparamos com esta parte estranha:

> No entanto, quando ouviu falar que Lázaro estava doente, ficou mais dois dias no lugar em que estava. Depois, disse a seus discípulos: "Vamos voltar para a Judeia".[1]

Ele não estava exatamente com pressa, não é? E a vida de seu amigo estava em jogo.

Em outra história, Jesus estava pregando em uma sinagoga quando um tal de Jairo literalmente caiu aos pés dele, implorando que fosse com ele para curar sua filhinha que estava "quase morrendo".[2] Novamente, uma questão de vida ou morte. Mas, no caminho para a casa de Jairo, uma mulher que tinha um problema de saúde crônico havia doze anos abordou Jesus. E é uma história linda[3], em que Jesus se demorou com ela. Sem nenhuma pressa.

Você consegue imaginar como Jairo deve ter se sentido? Eu o imagino batendo o pé, dando uma olhada para Jesus, querendo dizer *"Vamos logo!"*, com o coração apertado de tanta ansiedade.

No final da história, Jesus conseguiu ir até a filha de Jairo e também a curou. Todas as vezes em que leio essa história, no entanto, penso em quão intensamente presente Jesus era, como ele não deixava nada ou ninguém, mesmo uma emergência médica ou um pai em sofrimento, apressá-lo para o momento seguinte.

Essa história não é única, incomum ou um enigma. Jesus era interrompido *constantemente* — leia os Evangelhos; metade das histórias é de interrupções! — mesmo assim, ele nunca parecia ficar agitado ou irritado. (Bem, ele fica irritado com pessoas religiosas, porém não com interrupções — mas isso é assunto para outro livro.)

A agenda de Jesus estava sempre *cheia*. Muitas vezes até a borda. De um jeito bom. Mesmo assim, ele nunca parecia estar *apressado*.

Esse enraizamento no presente e a conexão com Deus, com outras pessoas e consigo mesmo não eram características de uma personalidade descontraída ou de um mundo anterior à tecnologia Wi-Fi; era fruto de um estilo de vida. Uma forma completamente nova de ser humano que Jesus demonstrou em cada uma de suas histórias.

Afinal, esse é o homem que esperou três décadas para dar seu primeiro sermão e, depois de um dia em seu trabalho como Messias, foi para o deserto por 40 dias para orar. Nada podia apressar esse homem.

Reflita comigo sobre o estilo de vida de Jesus por alguns minutos.

Jesus fez questão de injetar uma margem saudável de tolerância em sua vida. Dizem que uma margem saudável de tolerância é "o espaço entre nossa carga e nossos limites".[4] Para muitos de nós, *não* existe espaço entre nossas cargas e nossos limites. Não estamos com a agenda 80% cheia, com espaço para respirar; estamos com a agenda em 100% *o tempo inteiro*. A agenda semanal de Jesus era um ato profético contra os ritmos apressados de nosso mundo.

Ele acordava cedo todos os dias e ia a um lugar silencioso para estar com o Pai dele. Existe uma história em que os discípulos acordaram e ele havia sumido. Havia saído antes do amanhecer, apenas para estar sozinho e saudar o novo dia com tranquilidade.

Algumas vezes, ele simplesmente ia embora da noite para o dia, ou até mesmo por algumas semanas, para se afastar das multidões e se recolher junto a Deus.

Mais de uma vez, lemos histórias sobre Jesus dormindo e os discípulos tendo que acordá-lo. Eu *gosto* desse Jesus e quero segui-lo.

Em todas as oportunidades que tinha, ele aproveitava uma boa e longa refeição com amigos e uma garrafa de vinho, criando espaço para conversas profundas sobre os altos e baixos da vida.

Ele praticava o Sabático semanalmente — um dia inteiro reservado para nada além de descanso e adoração, *todas as semanas*.

Percebam sua prática de simplicidade de carregar consigo apenas as roupas do corpo, antes que isso fosse considerado legal. Você não lê histórias sobre ele fazendo compras, indo ao shopping para comprar uma roupa nova para ir ao templo, ou procurando um novo par de sandálias online quando já tinha outras 15 em casa. Não, ele vivia "livre, leve e solto".[5] Livre de todo o descontentamento e distração que vêm de ter dinheiro demais e das coisas de que não precisamos.

Poderíamos continuar, mas meu objetivo é simples: ele demonstrava levar uma vida sem pressa, em que o espaço para Deus e o amor pelas pessoas eram suas maiores prioridades; e por dizer *sim* para o Pai e Seu reino, ele constantemente dizia *não* para outros incontáveis convites.

Então ele se virava e dizia: "Sigam-me".

Novamente: O que significa seguir a Jesus (ou, como prefiro dizer, ser aprendiz de Jesus)? É *muito* simples. Significa que você vive da forma como Jesus viveu. Adota a vida e os ensinamentos dele como molde, modelo, padrão.

Isso significa que a principal questão de nosso aprendizado com Jesus é bastante objetiva: *Como Jesus viveria se ele estivesse no meu lugar?*

Quero dizer, Jesus era um rabino judeu solteiro do século I, e não um pai solteiro do século XXI, ou um gerente de contas, ou um estudante, ou um pastor, ou um lutador profissional; então precisamos idealizar e transpor um pouco.

Jesus não era pai; eu sou pai. Imagino que, se ele fosse o pai de Jude, Moses e Sunday, passaria bastante tempo com eles. Então faço isso em resposta ao meu aprendizado com Jesus, que nunca teve filhos.

Digamos que você tenha acabado de se casar ou ter um filho. Jesus não fez nenhuma dessas coisas, mas a pergunta que o motiva é: "Como ele faria isso?"

Ou, digamos, você está trabalhando no projeto de um edifício de vários andares. Como Jesus projetaria essa comunidade?

Você entendeu a ideia.

Acho que, para muitos de nós, ele diria para desacelerar.

Estamos falando aqui sobre uma regra de vida.

Stephen Covey, que ficou conhecido por seu livro *Os Sete Hábitos das Pessoas Altamente Eficazes*, disse que alcançamos a paz interior quando nossa agenda está alinhada a nossos valores. Isso não está na Bíblia, mas acredito que, se Jesus ouvisse isso, sorriria e faria "sim" com a cabeça.

Ao longo dos últimos anos, tem se falado muito no "mundo da autoajuda" sobre a ideia de uma programação fixa. Basicamente, você escreve em uma agenda em branco como seria um dia, uma semana ou um mês ideal. Começa por todas as suas prioridades: se você é um seguidor de Jesus, inicia pelas disciplinas espirituais; em seguida, sono, exercícios físicos, trabalho, diversão, leitura, margem de tolerância etc. E, dentro do possível, você se atém ao que escreveu.

No entanto, a maior parte das pessoas não percebe que essa ideia não teve início no mercado de trabalho, mas no monastério; não teve início uma década atrás, mas há mais de um milênio, em que as ordens monásticas e, com frequência, comunidades inteiras escolhiam viver juntas em torno de uma regra de vida.

Uma regra era uma programação e um conjunto de práticas para organizar a vida em comunidade com base no caminho de Jesus. Era uma forma de impedir ser sugado pela pressa, ocupação, barulho e distrações da vida normal. Uma forma de desacelerar. Uma forma de viver com base no que realmente importa: o que Jesus chamava de *permanecer*.[6] Relacionamentos importantes com a família e a comunidade. O trabalho que Deus colocou diante de nós. Uma alma saudável. Sabe, as coisas boas da vida.

Não permita que o uso da palavra "regra" o desanime, especialmente se você tiver uma personalidade tipo P (cuja função de percepção, sensitiva ou intuição, está orientada para o mundo exterior) na escala Myers-Briggs e se a ideia lhe parecer chata ou legalista. A palavra *regra* vem do latim *regula*, que literalmente significa "um pedaço reto de madeira", (isto é, régua), mas também era usada como treliça. Reflita sobre o ensinamento de Jesus em João 15, a respeito de permanecer na videira — um de seus ensinamentos mais importantes sobre vida emocional e espiritual. Agora busque uma memória agradável de uma degustação de vinhos. O que há por baixo de toda videira que cresceu bem? Uma treliça. Uma estrutura para apoiá-la, a fim de que ela possa crescer e dar frutos.

Você consegue enxergar a imagem na palavra?

O que uma treliça é para uma videira, uma regra de vida é para a ação de permanecer. É uma estrutura — nesse caso, uma programação e um conjunto de práticas —, para que *permanecer* seja o principal objetivo de sua vida. É uma forma de organizar a vida com base na prática da presença de Deus, de trabalhar, descansar, se divertir, comer, beber, passar tempo com seus amigos, realizar tarefas e se atualizar nas notícias, *tudo* de um lugar de apreciação profunda e amorosa da companhia do Pai.

Se uma videira não for apoiada por uma treliça, ela morrerá. E se sua vida com Jesus não tiver algum tipo de estrutura para facilitar seu crescimento e turbinar sua saúde, ela murchará.

Seguir Jesus deve estar em sua programação e em suas práticas, ou isso simplesmente nunca acontecerá. Ser um aprendiz de Jesus vai continuar sendo uma ideia, e não uma realidade em sua vida.

Mas eis o segredo: a maioria de nós está *ocupada* demais para seguir Jesus.

Sempre que ensino uma regra de vida e algumas das principais práticas para ter uma vida com Jesus, ouço a mesma coisa:

"Isso parece ótimo, mas eu não tenho tempo, de verdade."

"Estou fazendo uma pós-graduação agora."

"Tenho um trabalho que exige muito de mim."

"Tenho filhos pequenos."

"Estou treinando para uma maratona."

"Não sou introvertido como você."

Honestamente, são todas desculpas. E eu entendo: vivo no mesmo mundo que vocês. São boas desculpas!

Eu costumava sorrir, concordar com a cabeça e deixar o momento constrangedor passar, mas, quanto mais velho eu fico, mais tenho a coragem de rebater um pouco. Às vezes, pergunto graciosamente: "Mas está mesmo? Quanto tempo você passa assistindo à TV?" (Isso geralmente faz brotar um momento constrangedor diferente.) "Quanto tempo você passa online ou em suas redes sociais? Ou fazendo compras?" Sugiro que as pessoas mantenham um diário de tempo por uma semana; quando elas fazem isso, geralmente ficam chocadas com quanto tempo gastam com coisas supérfluas.

A maioria de nós tem tempo mais do que de sobra, mesmo nas fases mais ocupadas da vida. Só precisamos realocar nosso tempo para "buscar primeiramente o reino de Deus",[7] não o reino do entretenimento.

E, nas raras ocasiões (são *muito* raras) em que alguém genuinamente não tem tempo para as práticas que vamos tratar na Parte 3 deste livro, eu gentilmente sugiro que essa pessoa é, então, ocupada demais para seguir Jesus.

Sem culpa. Sem vergonha. Mais uma vez, isso não ajuda. É apenas uma análise honesta.

A dura verdade é que seguir Jesus é algo que você *faz*. Uma *prática*, assim como é uma fé. Em seu núcleo, as práticas de Jesus se referem a um relacionamento. Com o Deus que ele chamava de Pai. E todos os relacionamentos levam tempo.

Digamos que seu casamento não esteja tão bom assim. Seu cônjuge lhe sugere que passem mais tempo juntos, simplesmente para aproveitar um ao outro e ficarem na mesma sintonia. Ele ou ela pedem, digamos, uma noite por semana para sair para jantar, meia hora por dia de conversa, um pouco de tempo aos fins de semana. Basicamente o mínimo para manter um casamento saudável.

Se você disser "Desculpe-me, não tenho esse tempo" (enquanto você dá trinta horas na semana para coisas como TV, internet e sua liga fictícia de futebol americano), qualquer um com um mínimo de senso comum diria "Você tem sim. Apenas está desperdiçando seu tempo". Ou diria "Bem, então você está ocupado demais para estar casado. Você precisa repensar radicalmente sua agenda ou está no caminho do divórcio". Espero que você pense na primeira opção.

E nosso relacionamento com Jesus é diferente? Recebemos o que damos. Isso não é uma forma legalista de culpar ninguém. Isso é um convite. Para a vida que realmente desejamos. Uma vida que somente encontraremos se andarmos pelo mundo ao lado de Jesus.

Portanto, acho que chegamos a uma encruzilhada. O momento de entrar ou sair. Você está pronto para construir a treliça para sua videira? Uma programação, uma prática (ou duas) para criar espaço para sua vida com Jesus? Para dar espaço para que o amor, a alegria e a paz se tornem suas configurações padrão?

Está pronto para organizar (ou reorganizar) seus dias e permitir que a vida de Jesus se torne a base para sua vida?

Intermissão:

Espere, quais são as disciplinas espirituais mesmo?

Antes de passarmos para a Parte 3 do livro, na qual eu apresento as quatro principais práticas que considero extremamente úteis para desacelerar e experimentar saúde e uma vida com Jesus, deixe-me fazer um curto resumo do que as práticas de Jesus (o que a maioria chama de disciplinas espirituais) são.

A maior parte do que sabemos sobre Jesus vem dos quatro Evangelhos. Os Evangelhos são considerados biografias. A maior parte do conteúdo é repleto de histórias, o que é um pouco estranho, uma vez que Jesus era um *professor*. Mateus e João são os responsáveis pela maior parte dos ensinamentos; Lucas vem em terceiro; Marcos não tem quase nenhum. Mas o conteúdo de praticamente todas as quatro biografias são histórias, o que faz sentido, na verdade.

Pense nas biografias em geral. Por que lemos biografias? Geralmente, são de pessoas eruditas, e lemos as histórias de vida delas não só para conhecê-las, mas também para nos espelharmos nelas. (Ou, possivelmente, para ter certeza de que *não* seremos como elas.) Para imitar o sucesso delas ou evitar suas falhas. Ao ler sobre *essas pessoas*, esperamos entender melhor sobre quem *somos*; ao ler as histórias delas, esperamos entender as nossas.

Está acompanhando? Que bom. Isso é bastante simples.

As biografias são repletas de histórias, porque, se você quiser imitar (ou evitar) a vida de Steve Jobs, Barack Obama ou (insira a biografia que preferir), você não observará somente o que essas pessoas *fizeram* ou *disseram*; observará *como* elas *viveram, os detalhes diários de sua vida*. Se você for esperto, copiará esses detalhes, fará dos hábitos dessa pessoa seus hábitos; fará da rotina dela sua rotina; dos valores dela, os seus, esperando que isso promova um resultado similar em sua vida, o que é mais comum.

Então, se essa pessoa foi pra faculdade de Direito X, você também vai. Se ela lê uma hora por dia, você também lerá. Ela não toma café da manhã? Você joga suas bananas fora. A pessoa é conhecida por tirar um supercochilo à tarde? Você compra um sofá para seu escritório. Você copia esses detalhes porque sabe que a pessoa que você se tornará é o efeito cumulativo de milhares de detalhes minúsculos, que parecem comuns ou até mesmo insignificantes, mas que, no fim das contas, funcionam como juros compostos e constroem uma vida.

Ainda está acompanhando? Bom.

Eis algo muito esquisito: *pouquíssimos seguidores de Jesus leem os quatro Evangelhos dessa forma*.

Nós os lemos como ilustrações de sermão bonitinhas, como estimulantes alegóricos ou minas de ouro teológicas. Mais uma vez, isso não é ruim, mas deixamos de ver a floresta proverbial por causa das árvores. Os Evangelhos são *biografias*.

Eu diria que essas histórias sobre os detalhes da vida de Jesus nos ensinam tanto sobre a vida no reino de Jesus quanto seus ensinamentos, milagres ou as grandes histórias de sua morte e ressurreição.

Eu falo sério.

Agora, os ritmos da vida de Jesus, ou os detalhes sobre seu estilo de vida, começaram a ser chamados de "disciplinas espirituais". Essa expressão não está no Novo Testamento, e existem prós e contras sobre seu uso. Infelizmente, a maior parte das pessoas pensa que *espiritual* quer dizer "imaterial", mas as disciplinas espirituais, na verdade, são hábitos para sua mente e seu corpo. Acho que já havia registro de "disciplinas do corpo e da mente", ou algo assim. Disciplina: eu simplesmente amo essa palavra, mas, em uma época hedonística, ela ganha conotações negativas para a maior parte das pessoas; por isso houve um declínio das disciplinas espirituais na igreja ocidental.[1]

Prefiro chamá-las de "práticas de Jesus". No começo e no final do Sermão na Montanha de Jesus, ele disse que o caminho da vida é algo que você tem que... "colocar em prática".[2]

Se você ainda acha aquela expressão muito religiosa, apenas chame de hábitos de Jesus. Essa é uma expressão boa e neutra, à qual já estamos acostumados.

Independentemente de como você escolher chamá-los, os hábitos, as práticas ou as disciplinas espirituais são a forma *como* seguimos Jesus. Como adotamos seu estilo de vida. Como criamos espaço para a saúde emocional e uma vida espiritual. Novamente, são as treliças.

Como todos os hábitos, são o meio para um fim. É nesse ponto que as pessoas religiosas bem-intencionadas (como eu) erram. Quando as disciplinas espirituais (leitura da Bíblia, oração, Sabático, e assim sucessivamente) se tornam o próprio fim, você chega ao legalismo. E nele jaz a morte, não a vida.

O fim é a vida em sua plenitude com Jesus. O fim é aproveitar cada momento consciente da companhia de Jesus, passar a vida inteira com a pessoa mais amável, alegre e pacífica que já existiu.

Voltando para a metáfora da treliça: o objetivo da treliça não é fazer as videiras ficarem de pé, eretas, em fileiras organizadas, mas obter uma taça de vinho encorpado e intenso. É criar espaço para que a videira cresça e dê frutos.

Diferentemente de outros tipos de hábitos, as práticas de Jesus não são simplesmente exercícios para aumentar o músculo da força de vontade e cultivar o caráter na mente e no corpo. São muito mais: *são como abrimos a mente e o corpo para um poder muito além do nosso e como realizamos mudanças.*

Reflita — o que é disciplina? Não disciplina espiritual, apenas disciplina em geral. Eis uma definição padrão:

> Uma disciplina é qualquer atividade que eu posso fazer com esforço direto que, ao final, me dará habilidade para fazer o que, atualmente, *não consigo* fazer por esforço direto.

Por exemplo, o atletismo (esse é o exemplo mais comum no Novo Testamento). Digamos que você queira levantar o peso de seu corpo em supino, mas não consiga. (Um cenário que entendo bem demais.) Você não tem força e músculos para fazer isso. Não é que você não *consiga* fazer isso; qualquer pessoa saudável consegue. Você apenas não consegue fazer *ainda*. Só precisa ter mais força. Para isso, precisa se exercitar. Portanto, uma disciplina seria, digamos, uma rotina matinal de flexões. É algo que você *consegue* fazer. Você começa com 5. Depois faz 10. E prossegue, até conseguir fazer 50. No fim das contas, por meio da disciplina, você se torna o tipo de pessoa que consegue fazer algo que não conseguia antes.

Uma disciplina é uma forma de aumentar meu poder.

Uma disciplina *espiritual* é similar, porém um pouco diferente. É similar no sentido de que é "qualquer atividade que eu posso fazer com esforço direto que, ao final, me dará habilidade de fazer o que, atualmente, *não consigo* fazer por esforço direto". É uma forma de aumentar meu poder. É *diferente* não apenas porque você não está somente exercitando a própria habilidade de fazer a coisa certa (o que denominamos *força de vontade*), mas também está se abrindo para um poder *muito além do seu* — o do Espírito Santo. Você está criando tempo e espaço para acessar o próprio Deus em um nível mais profundo de seu ser.

Eis a definição de Dallas Willard para uma disciplina espiritual:

> As disciplinas são atividades da mente e do corpo feitas com propósito, para trazer nossa personalidade e nosso ser completo em cooperação efetiva com a ordem divina. Elas permitem cada vez mais que nós vivamos em um poder que está, estritamente falando, além de nós, que deriva do próprio reino espiritual.[4]

A força de vontade não é ruim; na verdade, recuperar a força de vontade é fundamental para a transformação. Quando a força de vontade está funcionando, ela funciona muito bem. No entanto, normalmente não o leva muito longe. Especialmente no começo da jornada com Jesus. Esse é o problema.

Mas, por meio de práticas — comuns, fáceis e, em minha opinião, revigorantes — baseadas na vida de Jesus, temos acesso a um poder de vida muito além do nosso.

Ironicamente, Jesus quase nunca ordena essas práticas. A única exceção é a oração, que é ordenada diversas vezes. (Apesar de que podemos dizer que a oração não é uma prática; é o objetivo final de todas as práticas, se você definir oração como consciência e conexão com Deus.)

Jesus, porém, nunca ordena que você acorde de manhã e tenha um momento calmo, leia a Bíblia, pratique o Sabático, doe dinheiro aos pobres, ou qualquer uma das principais práticas do caminho dele.

Ele só *realiza essas práticas* e, então, diz: "Sigam-me".

Como dissemos antes, muitos estudiosos falam que uma melhor tradução da expressão original de Jesus é: "Seja meu aprendiz". Eis outra tradução: "Imite os detalhes de minha vida. Adote o modelo da minha vida diária para a sua."

Jesus não é contra dar ordens, não mesmo. Mas, para ele, liderança não se trata de coerção e controle; mas sim de exemplo e convite.

Ele não ordenou que seguíssemos suas práticas, não deu sermões sobre como realizá--las ou workshops no sábado de manhã sobre como desenvolver a própria regra de vida. Ele simplesmente deu o exemplo de uma maneira completamente nova de "lidar com a vida"; em seguida, ele se virou e disse: "Se vocês estão cansados de fazer as coisas do seu jeito e querem um descanso para suas almas, então venham, aceitem o jugo suave e imitem os detalhes de minha vida".

Essas são as práticas. Você ainda está aí? Agora estamos prontos para os detalhes sobre o jugo suave.

Parte três:

Quatro práticas para desacelerar sua vida

Silêncio e solidão

Tenho idade suficiente para lembrar dessa coisa do final dos anos 1990 que chamávamos de "tédio".

Mais alguém?

Vocês, nativos digitais, nem têm ideia do que estou falando. Tédio? É tipo quando você tem uma conexão Wi-Fi ruim e seu feed do Instagram demora mais de dois segundos para carregar? Hmm, mais ou menos. Apenas multiplique isso por... bem, *muito* mais.

Digamos que você tenha nascido depois de 1995; você não consegue, de fato, se lembrar de um tempo em que o infinito não estava dentro de seu bolso. Mas eu consigo.

Houve um tempo em que, durante uma viagem de avião — sobre, digamos, o Minnesota —, você conseguia terminar o livro que estava lendo antes do planejado e ficava apenas... olhando pela janela. Sem *nada* para fazer.

Ou enquanto aguardava na fila de sua cafeteria preferida, com apenas cinco pessoas na sua frente, você só ficava lá em *pé*. Os extrovertidos começavam a conversar. Nós, introvertidos, apenas sorríamos e acenávamos com a cabeça, pensando em segredo: *"Por que, meu Deus, esse completo estranho está falando comigo?"*

Alguém se lembra disso? Estar no ponto de ônibus, preso no trânsito, no cinema, aguardando o filme começar, em uma aula de ciência política nada interessante, sentado lá no fundo, sem nada em que pensar além de perambular pelo reino das infinitas possibilidades?

Por mais que seja fácil ser sentimental a respeito de algo tão sem valor quanto o tédio, nenhum de nós, sinceramente, quer voltar para o mundo pré-digital. Somos mais eficientes do que nunca. Faço mais coisas em menos tempo do que sequer sonhei que seria possível dez anos atrás.

Mas, novamente, há os prós e os contras. Agora temos acesso infinito por meio de nosso novo "eu", meio ciborgesco, o que é ótimo, mas também perdemos algo muito importante. Todos aqueles momentinhos de tédio eram portais para a oração. Momentinhos durante todo o dia para acordarmos para a realidade de que Deus está ao nosso redor. Acordarmos para nossa alma. Voltarmos nossa atenção (e, com ela, nossa devoção) para Deus; largarmos a droga da pressa e voltarmos nossa atenção para o que importa.

Agora esses momentinhos desapareceram, foram devorados pelo carnívoro digital. No segundo em que sentimos o menor sinal de tédio chegando, buscamos os apêndices, nossos smartphones: olhamos o feed de notícias, respondemos a um e-mail ("Responder a todos", clique), lemos um tweet sobre o tweet do Donald Trump sobre sabe-se lá o quê antes de escrevermos um tweet sobre sabe-se lá o quê, damos uma olhada no tempo para quinta-feira, procuramos um novo par de sapatos, arrasamos no *Candy Crush*.

Uma pesquisa da Microsoft descobriu que 77% dos jovens adultos responderam "'sim' ao serem questionados se 'Quando nada ocupa minha atenção, a primeira coisa que pego é meu telefone'".[1]

Quero dizer, não *eu*.

Você.

Praticamente o único lugar em que ficamos a sós com nossos pensamentos é no chuveiro, e é apenas uma questão de tempo até que nossos dispositivos sejam à prova d'água, o que, por sua vez, dará início ao apocalipse.

Me permito fazer esse pequeno discurso apenas para dizer que isso tem implicações profundas em nosso aprendizado com Jesus e em nossas experiências (ou na *falta* delas) sobre a vida que ele tem a nos oferecer. Como assim? É simples: essa nova normalidade de distração digital apressada está tirando nossa habilidade de estar *presentes*.

Presentes para Deus.

Presentes para outras pessoas.

Presentes para tudo aquilo que é bom, belo e verdadeiro em nosso mundo.

Presentes, até mesmo, para nossas próprias almas.

Mais uma vez, Andrew Sullivan, em seu manifesto para o silêncio em uma era de ruído, escreveu:

> Existem livros para serem lidos; paisagens para serem apreciadas; amigos com quem passar o tempo; vida para ser vivida com plenitude (...) Essa nova epidemia de distração é a fraqueza específica da nossa civilização. E sua ameaça não é tanto à nossa mente, mesmo que ela mude de forma sob pressão. A ameaça é à nossa alma. Nesse ritmo, se o ruído não diminuir, podemos inclusive esquecer que elas existem.[2]

O ruído do mundo moderno nos deixa surdos para a voz de Deus, abafando aquilo que nos é mais necessário.

Quer dizer, como teremos qualquer tipo de vida espiritual se conseguimos nos manter atentos por menos tempo que um peixinho dourado? Como você ora, lê as Escrituras, permanece sentado durante uma pregação na igreja, ou descansa bem no Sabático se, na primeira chance que surge, você pega o administrador de dopamina (seu celular)?

Citando novamente o padre católico e crítico social Ronald Rolheiser: "Nós (...) estamos nos distraindo rumo ao esquecimento espiritual".[3]

Acabei meu discurso.

Agora uma pergunta: Existe uma prática do caminho de Jesus que poderia nos ajudar com isso? Uma forma artística — ou, se preferir, disciplina espiritual — testada pelo tempo que possa nos ajudar a prosperar *em meio* ao caos da sociedade moderna?

A resposta é: Sim. Absolutamente. Na verdade, existem várias. Falaremos de minhas quatro preferidas para desacelerar a vida. Vamos começar com aquela que considero a mais importante de todas: silêncio e solidão.

Jesus e o lugar silencioso

Desde o começo.

No final de Mateus 3, há uma história fascinante sobre o batismo de Jesus. Quando ele saiu da água, literalmente ouviu uma voz no céu dizendo: "Este é o meu Filho amado, em quem me agrado".[4] Isso é mais do que estar emocionalmente alto. Ou até mesmo espiritualmente alto. Essa foi *a* plataforma de lançamento de onde Jesus foi enviado para o mundo.

Mas, na linha seguinte, lemos:

> Então Jesus foi levado pelo Espírito ao deserto, para ser tentado pelo diabo. Depois de jejuar quarenta dias e quarenta noites, teve fome. O tentador aproximou-se dele.[5]

Perceba que a primeira coisa que Jesus fez depois de seu batismo foi ir direto para o deserto.

Por deserto, não queremos dizer necessariamente areia e calor. A palavra grega é *eremos* e tem diversos significados. Ela pode ser traduzida como:

- deserto
- lugar deserto
- lugar desolado
- lugar isolado

- lugar solitário

- lugar silencioso (meu preferido)

- território selvagem

Existem histórias — muitas delas — em todos os quatro Evangelhos sobre o relacionamento de Jesus com o *eremos*, mas essa é a primeira delas. Quero que você a leia porque é o início de seu ministério e de sua missão. Mas é uma história estranha, não é? Você já leu aquela frase — "Então Jesus foi levado pelo Espírito ao deserto, para ser tentado pelo diabo" — e ficou pensando *"Como assim?"*

Quer dizer, se você leu a Bíblia desde *Gênesis* até *Mateus*, sabe que Jesus precisa enfrentar o diabo de igual para igual. O protagonista deve enfrentar o vilão dos vilões. O mal tem que ser derrotado. Você entende.

Mas por que em um território selvagem? Por que sozinho? E por que depois de quarenta dias de jejum? Quando ele está com fome?

Durante anos essa história não fez sentido para mim porque eu pensava no território selvagem como um lugar de *fraqueza*.

Eu lia desta forma: Isso não é típico do diabo? Vir até nós no final de um longo dia ou de uma longa semana? Quando estamos irritados, com fome e em nossa pior forma?

Mas então percebi que era o contrário.

O território selvagem não é um lugar de fraqueza; é um lugar de *força*.

"Então Jesus foi levado pelo Espírito ao território selvagem" porque era lá, e somente lá, que Jesus estava no auge de seus poderes espirituais. Apenas depois de um mês e meio de orações e jejum no lugar silencioso ele teve a capacidade de enfrentar o diabo sozinho e sair ileso.

É por isso que você vê Jesus voltar ao *eremos* repetidas vezes.

Pegue Marcos 1 como exemplo. Marcos 1 é essencialmente um capítulo longo sobre o primeiro dia de Jesus sendo o Messias. Foi uma maratona; ele acordou cedo, lecionou na sinagoga, depois curou a sogra de Pedro no almoço e ficou até tarde curando os doentes e endemoninhados. Ele deve ter ficado mais do que exausto.

Mas então lemos:

> De madrugada, quando ainda estava escuro, Jesus levantou-se, saiu de casa e foi para um lugar deserto [*eremos*], onde ficou orando.[6]

Era esperado que Jesus tivesse dormido até tarde, saído para dar uma corrida e, depois, feito um brunch com seus discípulos. Nada melhor do que se recuperar de um fim de semana com um grande omelete.

Em vez disso, Jesus acordou cedo e saiu para ir até o lugar silencioso.

Para esclarecer, Jesus foi até o lugar silencioso por um mês e meio. Voltou para Cafarnaum para *um dia* de muita atividade. E voltou direto para o *eremos* para orar.

Ou seja, o lugar silencioso não foi um acontecimento único. Fazia parte do cotidiano de seu ritmo de vida.

Mas a história não termina aí:

> Simão e seus companheiros foram procurá-lo e, ao encontrá-lo, disseram: "Todos estão te procurando!"[7]

Eis minha paráfrase:

> Jesus, onde você *estava*? Você foi incrível ontem. Todos já estão sabendo. A *Vogue* está ligando para marcar uma entrevista. O pessoal da TMZ está escondido do lado de fora da casa do Pedro. A #Jesus está bombando. Precisamos de você de volta, *para ontem*.[8]

E o que Jesus disse?

> Jesus respondeu: "Vamos para outro lugar, para os povoados vizinhos, para que eu pregue lá também. Foi para isso que vim".[9]

Isso é como um *não* para Jesus.

Perceba que Jesus saiu do território selvagem com total clareza sobre sua identidade e seu chamado. Ele estava presente. Centrado. Estava em contato com Deus *e* com ele mesmo. Daquele lugar de equilíbrio emocional e ajuda espiritual, ele sabia exatamente a que dizer sim e, tão importante quanto, a que dizer não.

Por isso, ao longo dos Evangelhos, você percebe rapidamente que o lugar silencioso era o máximo de prioridade para Jesus.

Existe uma história em Marcos 6 em que os discípulos estavam mortos de cansaço após algumas semanas de trabalho no reino. Lemos:

> Havia muita gente indo e vindo, a ponto de eles não terem tempo para comer.[10]

Já se sentiu assim? Todos vocês que são pais devem estar pensando: *"Todos os dias"*.

Para seus aprendizes muito ocupados e cansados, Jesus disse:

> Venham comigo para um lugar deserto [*eremos*] e descansem um pouco.[11]

Tradução:

> O que vocês realmente precisam não é de uma cerveja ou de uma noite assistindo a um filme. O que vocês realmente precisam é de tempo sozinhos comigo. Mas, para isso, precisamos nos afastar de todo esse barulho e dessas pessoas.

Ele continuou:

> Assim, eles se afastaram num barco para um lugar deserto [*eremos*].[12]

Parece bacana. Tempo sozinho com Jesus em um spa no Mar da Galileia. Alguém quer chá orgânico? Infelizmente, não é assim que a história continua.

Nas linhas seguintes:

> Mas muitos dos que os viram retirar-se, tendo-os reconhecido, correram a pé de todas as cidades e chegaram lá antes deles. Quando Jesus saiu do barco e viu uma grande multidão, teve compaixão deles, porque eram como ovelhas sem pastor. Então começou a ensinar-lhes muitas coisas.
>
> Já era tarde.[13]

Adoro o realismo dessa história. Tem vezes que você realmente precisa de um tempo a sós com Jesus; no entanto... bem, a vida acontece. *Pessoas* acontecem. Você reserva um tempo para o Sabático, para a oração, ou apenas para ter uma noite sem planos, mas recebe uma mensagem de seu chefe. Uma emergência no trabalho. Seu filho de 2 anos engole um Lego do Kylo Ren. Você pesquisa no Google "Emergência mais próxima". Sua colega que mora com você teve um dia ruim e uma conversa lhe faria bem. Duas horas depois, ela ainda está chorando. Milhares de pessoas estão batendo à sua porta, pedindo que você as cure e as ensine sobre o reino de Deus porque eles acreditam que você é o Messias de que elas tanto precisam. Sabe, coisas comuns da vida.

Isso lhe parece familiar? Você já se sentiu como se, por mais que tentasse, não conseguisse ter tempo para descansar? Você está bem acompanhado do próprio Jesus.

Mas, novamente, esse ainda não é o final da história. Depois da mochila de um garoto e 5 mil almoços, lemos:

> Logo em seguida, Jesus insistiu com os discípulos para que entrassem no barco e fossem adiante dele para Betsaida, enquanto ele despedia a multidão. Tendo-a despedido, subiu a um monte para orar.
>
> Ao anoitecer, (...) Jesus se achava sozinho em terra.[14]

Eu costumava ler o final dessa história e pensava: *"Uau, Jesus é tão espiritual — passou a noite toda orando!"* E ele era. Mas perceba o motivo de ele ter passado a noite toda orando. Porque era o único momento que ele podia estar sozinho em silêncio! Ele estava tão ocupado que literalmente não tinha nenhum momento sozinho o dia todo, então tudo em que podia pensar era mandar seus aprendizes embora e passar a noite toda no topo de um monte (a palavra *eremos* não é utilizada aqui, mas acho que o topo de um monte, à meia-noite, se encaixa no sentido da palavra). Porque ele sabia que um tempo a sós com seu Pai era mais importante que o sono.

Não chegamos ao Evangelho de Lucas ainda.

Em Lucas, Jesus foi para seu lugar silencioso nada menos do que *nove* vezes. Só mais uma história; depois dessa eu paro. Prometo. Essa é de Lucas 5:

> Todavia, as notícias a respeito dele [Jesus] se espalhavam ainda mais, de forma que multidões vinham para ouvi-lo e para serem curadas de suas doenças.

Multidões batendo à porta de Jesus era algo normal. Mas leia a linha seguinte:

Mas Jesus retirava-se para lugares solitários, e orava.[15]

Em grego, a expressão "lugares solitários" significa... Bem, acho que você já deve saber isso agora.

Adoro isso. Jesus "retirava-se". Ele se retirava com frequência. Ele fazia questão de sair escondido para orar regularmente. Era um hábito comum em seu cotidiano.

No Evangelho de Lucas, particularmente, você pode mapear a vida de Jesus por meio de dois pontos no eixo: quanto mais ocupado, procurado e conhecido Jesus se tornava, *mais* ele se retirava para seu lugar silencioso para orar.

Geralmente para nós é o oposto. Quando ficamos muito ocupados, a vida está frenética e as pessoas estão disputando nosso tempo, o lugar silencioso é a primeira coisa a desaparecer, *em vez de ser onde nós desaparecemos*. O tempo sem pressa para ficarmos em silêncio com Deus é a primeira coisa que perdemos. Orar. Ler um salmo. Fazer um inventário interno. Deixar nossa alma alcançar nosso corpo.

Em fases de ocupação em nossa vida, precisamos de *mais* tempo no lugar silencioso, e não menos; definitivamente não menos. Se você está folheando seu caderninho de desculpas agora — cuido dos meus filhos em tempo integral, tenho um emprego exigente que começa muito cedo, sou extrovertido, tenho TDAH etc. — pare um minuto. Reflita: *Jesus* precisava de tempo no lugar silencioso.

Repito: *Jesus* precisava de tempo.

Um bocado.

E você acha que você não precisa?

Silêncio e solidão

Ao longo dos anos, essa prática de Jesus passou a ser chamada de "silêncio e solidão".

Por mais que pareça simples, tem muita coisa envolvida.

Então, falemos de uma palavra por vez.

Primeiro, silêncio.

Existem duas dimensões para o silêncio — *externo* e *interno*.

O silêncio externo é bastante autoexplicativo: nada de barulho. Nada de música nos fones de ouvido. Nada de TV, mesmo como som de fundo. Nada do seu colega jogando *Fortnite* no outro cômodo. Nada de crianças gritando *Packie! Packie! Packie!* Nada de conversar com sua mãe pelo telefone enquanto esvazia a lava-louças. É quando você acorda cedo, ou está em meio à natureza, ou em seu quarto, e tudo está *silencioso*. Quando seus ouvidos zumbem com o ruído do silêncio.

A quietude é sua própria disciplina espiritual. Há um milênio e meio, o teólogo africano Santo Agostinho disse que entrar no silêncio é "entrar na alegria".[16]

Estou escrevendo este capítulo em particular de Melbourne, na Austrália. Passei os últimos dias pregando, com uma agenda lotada, e foi ótimo, muito divertido, mas *barulhento* — barulho sem parar, pessoas, atividade, estímulos. Naturalmente, acordei hoje pela manhã extremamente cansado. Mas, por causa do *jet lag*, também acordei cedo e tive tempo suficiente para dar uma corrida antes de ir para a igreja. Corri nas margens do rio Yarra, no Fitzroy Gardens, que me lembrou outro jardim, o Éden. Não havia ninguém no parque. Apenas eu, o rio, uma brisa suave brincando com as árvores de eucalipto acima da minha cabeça… e Deus. Mais ou menos vinte minutos depois que comecei a correr, senti minha alma acordando. A presença de Deus não era uma ideia em minha cabeça, mas senti uma experiência. Ao redor de mim, *em* mim.

E eu nem estava orando, mesmo, muito menos lendo a Bíblia ou fazendo qualquer coisa com intenção espiritual. Era algo a respeito da quietude. A quietude é um tipo de bálsamo para a cura emocional. Além disso, é uma porta destrancada, aberta, para a vida espiritual. Como São João Clímaco, o monge sírio do século VI que passou a maior parte de sua vida orando no Monte Sinai, disse tão lindamente: "O amigo do silêncio se aproxima de Deus".[17]

Ninguém disse o mesmo sobre o barulho. Na verdade, C. S. Lewis, em sua obra-prima da sátira *Cartas de Um Diabo a Seu Aprendiz*, coloca os demônios protestando contra o silêncio como sendo um perigo à causa deles (arruinar a alma de um cristão). O demônio chefe Fitafuso chama o reino do diabo de um "Reino de Barulho" e declara que "Vamos transformar todo o universo em barulho no fim".[18]

Será por isso que deixamos que o barulho governe tanto nossas vidas?

Ou será outro motivo?

De onde vem esse impulso de ligar na rádio assim que entramos no carro? Ou sempre ter música de fundo? Ou deixar a TV ligada enquanto estamos fazendo o jantar? Ou ouvir podcasts enquanto nos exercitamos?

Por mais fácil que seja culpar o diabo, será que não estamos usando o barulho externo para abafar nosso barulho *interno*?

Eis o que eu quero dizer com barulho interno: o falatório mental que nunca cessa. O comentário contínuo em nossa mente sobre *tudo*. Ouvir novamente aquela péssima conversa com um amigo diversas vezes. Nossos pensamentos lascivos sobre o cara ou a garota da nossa rua. Nossas fantasias. Não só sexuais, nossas fantasias de vingança — imaginar-nos falando *isso* ou fazendo *aquilo* para nossos maiores inimigos. Nossas preocupações — o desgaste de nossa alegria e de nossa paz com o martelo do "e se?" A obsessão com cenários hipotéticos, encenar o futuro, pensar em catástrofes. Idealizar. Sonhar com a vida perfeita que, por sua vez, envenena nossa vida real.

O entulho em nossas mentes é como se fosse um acumulador mental, preso em seu quarto, em uma prisão construída por ele mesmo. Alguns de nós sentem-se presos a padrões tóxicos e nocivos de nossa própria mente.

É fácil silenciar o barulho externo. É só desligar o celular. Desligar o som. Deitar no sofá. Ou dar uma volta no parque. Ou reservar uma diária em uma cabana por perto. Ou, até mesmo, em um monastério. Fácil.

Mas e o barulho interno? É um animal completamente diferente. Uma besta selvagem que precisa desesperadamente ser domada. Não tem um interruptor para desligá-la.

O tipo de silêncio a que me refiro é quando você silencia *os dois*.

Isso é silêncio!

Agora, a solidão.

Mais uma vez, a solidão é bastante simples. É quando você está sozinho, com Deus e sua alma.

Para esclarecer, por *solidão* não quero dizer isolamento. As duas coisas têm um mundo de diferença entre elas.

Solidão é engajar; isolamento é escapar.

Solidão é segurança; isolamento é perigo.

Solidão é como você se abre para Deus; isolamento é pintar um alvo em suas costas para o tentador.

Solidão é quando você reserva um tempo para alimentar, dar água e nutrir sua alma. Quando a deixa crescer de maneira saudável e amadurecer. Isolamento é o que você deseja quando negligencia o primeiro.

E solidão — por mais sombrio que soe — é tudo menos estar solitário. Em sua obra-prima *Celebração da Disciplina*, Richard Foster escreveu: "Estar solitário é estar vazio por dentro. Solidão é estar repleto".[19] Na solidão estamos tudo menos sozinhos. De fato, é quando muitos se nós nos sentimos *mais* conectados a Deus.

Como dissemos antes, um dos maiores problemas da espiritualidade nos dias de hoje, e que pouquíssimas pessoas se sentem seguras o suficiente para admitir, é o quanto nos sentimos distantes de

Deus. Raramente experimentamos a presença de Deus ao longo do dia. "Amor, alegria e paz" não descrevem a experiência que muitos cristãos têm sentido. Geralmente, vamos à igreja esperando receber uma dose de Deus — um momento efêmero de conexão com Deus antes de voltarmos ao deserto secular.

Seria o antídoto para essa enfermidade espiritual tão "fácil" quanto silêncio e solidão?

Se nossa teoria estiver certa e o problema for mais a *nossa* falta do que a *Dele*, mais a nossa distração do que a *desconexão* Dele[20], então a solução é bastante simples: criar um ambiente de atenção e conexão com Deus; e não conheço nenhum lugar melhor que o *eremos*.

Por que isso tem uma importância vital

Ao longo da história da igreja, a maior parte dos mestres do caminho de Jesus concordaram: silêncio e solidão são as disciplinas espirituais mais importantes.

Henri Nouwen foi direto, porém eloquente:

> Sem solidão é virtualmente impossível viver uma vida espiritual (...)
>
> Não estamos levando a vida espiritual a sério se não reservamos um tempo para estar com Deus e ouvi-Lo.[21]

Perceba a falta de nuance. Não há exceções para essa regra. Nenhuma história autodepreciativa para aliviar o golpe. Ele é apenas honesto: se não reservar um tempo para estar a sós com Deus, seu relacionamento vai murchar na videira.

Novamente, isso faz sentido. Seu relacionamento com Deus não é diferente de nenhum outro — requer tempo a sós um com o outro. O que aconteceria com meu casamento se Tammy e eu nunca passássemos tempo juntos sozinhos? Se nunca tivéssemos tempo de falar em particular, dividir nossos segredos mais profundos e obscuros, nossos sonhos, nossos medos? Fazer amor? Apenas *estar* lado a lado, juntos e a sós? Obviamente, nosso casamento sofreria ou morreria, no fim das contas. O mesmo se aplica a seu relacionamento com Deus. E também com sua alma.

Existe um ditado na literatura para pais: "Para um filho, soletramos amor como T-E-M-P-O". Existe alguma verdade nisso. E não apenas para pais e filhos. Se você ama Deus, o Pai, e quer ter um relacionamento vivo e promissor com Ele, em que experimenta Sua presença durante todo o dia, precisa reservar um tempo para ficar a sós com Ele. Ponto final. E o tempo relacional é extremamente ineficiente. Vocês passam o dia inteiro juntos, mas você só se lembra de uma pequena conversa, um comentário passageiro que muda tudo.

Nouwen certa vez pediu orientação espiritual à Madre Teresa; ele estava lidando com diversos problemas em sua alma e buscou a sabedoria dela. Imagine um dos maiores seguidores de Jesus do século XX pedindo conselho a uma santa sobre como seguir Jesus. Ah, como eu queria ser uma mosca para ouvir essa conversa.

Sabe o que ela disse?

> Bem, quando você passar uma hora por dia adorando o seu Senhor e nunca fizer nada que sabe ser errado (...) você estará bem![22]

Tão simples. Duas práticas muito simples. Apenas tire uma hora de seu dia para aproveitar Deus. Ah, e não faça nada que saiba ser errado.

Então, antes que você me coloque de lado e volte para sua vida barulhenta — e, devo acrescentar, antes que você coloque Madre Teresa, Henri Nouwen e *Jesus* de lado, que espero que tenham mais peso do que eu — reflita sobre o que está em jogo.

Quando *não* praticamos esse hábito da alma de Jesus, sofremos as consequências:

- Nós nos sentimos distantes de Deus e acabamos dependendo da espiritualidade de outra pessoa, por meio de um feed de podcast, um livro ou um devocional de uma página que lemos antes de sairmos apressados para o trabalho.

- Nós nos sentimos distantes de *nós mesmos*. Perdemos nossa identidade e nosso chamado de vista. Somos sugados para a tirania do urgente, não do importante.

- Sentimos uma corrente subterrânea de ansiedade que raramente vai embora, se é que vai embora em algum momento. Essa sensação de que *sempre* ficamos para trás, sempre correndo atrás de algo, de que nunca conseguimos terminar nada.

- Então nos sentimos exaustos. Acordamos e nosso primeiro pensamento é: "*Já? Não vejo a hora de ir dormir...*" Rastejamos por nossos dias, com o pouco de energia que emprestamos dos estimulantes que escolhemos. Mesmo quando colocamos o sono em dia, sentimos um cansaço mais profundo.

Silêncio e solidão 127

- Então procuramos escapes. Ficamos sem energia para fazer o que realmente revigora nossa alma, como orar. Em vez disso, procuramos a dose mais barata — outra taça de vinho, um novo programa online, feeds das redes sociais, pornografia.

- Nós nos tornamos presas fáceis para o tentador. Aumentamos ainda mais a sensação de distância entre Deus e nossa alma.

- Então vem a doença emocional. Começamos a viver na superfície de nossa vida, não no centro. Somos reativos. A menor das coisas vira um gatilho — uma frase sem importância do chefe, um comentário sarcástico de um colega de trabalho, uma sugestão do cônjuge ou da pessoa que mora com você — não precisa de muito. Perdemos a paciência. Gritamos com nossos filhos. Ficamos na defensiva. Ficamos para baixo. Nós nos sentimos irritados ou tristes; muitas vezes as duas coisas.

Esses são sinais e sintomas de uma vida sem silêncio e solidão. No lado bom, eis a alternativa:

- Encontramos nosso lugar silencioso — um parque em nossa rua, um cantinho de leitura em casa, uma rotina matinal que começa antes dos pequeninos acordarem — e nós "nos afastamos".[23]

- Levamos o tempo que precisarmos. Talvez não seja uma hora inteira, mas ficamos lá tempo suficiente para descomprimir de todo o barulho, trânsito, estresse e estímulo contínuo da sociedade moderna. Outras vezes, uma hora não é o suficiente. Outras, ficamos o tempo que podemos, nos sentindo gratos.

- Nós desaceleramos. Respiramos. Voltamos para o *presente*.

- Começamos a sentir. No começo, sentimos toda a gama de emoções humanas — não apenas alegria, gratidão, celebração e descanso, mas também tristeza, dúvida, raiva e ansiedade. Geralmente, sinto todas as emoções ruins primeiro. É como as coisas acontecem.

- Encaramos o que é bom, o que é ruim e o que é feio em nossos corações. Nossa preocupação. Nossa depressão. Nossa esperança. Nosso desejo de Deus; nossa *ausência de desejo de Deus.* Nossa sensação da presença de Deus; *nossa sensação da Sua ausência.* Nossas fantasias; nossas realidades. Todas as mentiras em que acreditamos; a verdade para a qual retornamos. Nossas motivações. Nossos vícios. Os mecanismos de sobrevivência aos quais nos voltamos para atravessar os dias. Tudo isso é exposto dolorosamente. Mas, em vez de deixarmos isso vazar naqueles em que mais amamos, tudo é exposto no lugar seguro do amor e da voz do Pai.

- Em nossos ouvidos, sentimos Sua voz atravessar a cacofonia de todas as outras vozes, que lentamente desaparecem com o rugido ensurdecedor do silêncio. Nesse silêncio, ouvimos Deus falar de seu amor por nós. Tornar realidade nossa identidade e nosso chamado. Entendemos Sua perspectiva sobre a vida e os lugares bons e humildes que ocupamos nela.

Chegamos a um lugar de liberdade. Nossas falhas aos poucos perdem poder sobre nós. Assim como nossos sucessos. Saímos de baixo da tirania das opiniões de outras pessoas — a aprovação ou desaprovação delas. Ficamos livres parar sermos simplesmente *nós*, essa mistura que somos. Nada mais do que filhos do nosso Pai. Adotados no amor. Livres para estar no processo que ainda vai chegar, e está tudo bem. Em silêncio e solidão, nossa alma finalmente volta para casa. É isso que Jesus quis dizer com "permanecer"[24], o verbo que significa ficar. No lugar de descanso. Voltamos para o lugar onde nossa alma descansa. Para o lugar que Thomas Kelly chamou de "o [centro] sem pressa [da] paz e do poder".[25]

Da forma que vejo as coisas, temos duas opções.

Opção A: negligenciamos essa prática, damos desculpas, somos sugados para a corrida maluca e enfrentamos uma doença emocional *na melhor das hipóteses* e o "esquecimento espiritual" na pior.

Opção B: recapturamos essa prática antiga, porém atual, e experimentamos a vida de Jesus.

O mundo inteiro está falando sobre isso agora. Você não consegue dar três passos em uma livraria ou dar uma olhada no TED.com sem ouvir todo o buchicho sobre *mindfulness*. E mindfulness é apenas silêncio e solidão para a sociedade secular. É a mesma coisa, sem a melhor parte — Jesus. Na forma como a história geralmente é contada, mindfulness veio do budismo e foi atualizada por uma técnica psicoterapêutica secular. Mas existe um argumento sólido de que é mais Jesus do que Buda. Mais Sermão da Montanha do que *Sidarta.* Mais Santa Teresa D'Ávila do que Thich Nhat Hahn. Mas é claro, nossa cultura pós-cristã é uma reação *contra* o cristianismo, então o budismo está dentro (o que funciona bem, já que é essencialmente uma religião sem Deus) e Jesus, fora. Certo, tudo bem. Mas os seguidores de Jesus têm feito isso por milhares de anos; apenas chamávamos de *oração, meditação* ou *contemplação.* Temos dois milênios de tradição, sabedoria e práticas melhores em que nos inspirarmos.

Novamente, Andrew Sullivan escreveu:

> A modernidade enfraqueceu a espiritualidade aos poucos, propositada e acidentalmente, em favor do comércio; ela minimizou o silêncio e o simples fato de ser, em favor do barulho e da ação constantes. O motivo pelo qual vivemos em uma cultura de fé cada vez menor não é porque a ciência, de alguma forma, refutou o que não pode ser provado, mas porque o ruído branco do secularismo removeu a quietude em que ela poderia resistir ou renascer (...)
>
> Se as igrejas entendessem que a maior ameaça à fé atualmente não é o hedonismo, mas a distração, talvez elas parecessem mais interessantes para uma geração digital esgotada.[26]

Meus amigos cidadãos da "geração digital esgotada", vamos escolher a opção B.

É claro que é mais fácil falar do que fazer. A maioria das pessoas acha essa prática extremamente difícil, e não apenas os extrovertidos. Muitos diriam que essa é a prática mais difícil e mais radical de *todas*. (Entra aqui o que eu disse anteriormente sobre todas as emoções das quais você estava fugindo voltarem à espreita...).

Mesmo assim: é tão fácil que você só precisa tirar um tempinho todos os dias para estar a sós com Deus. Um forma ideal seria inserir períodos mais longos, digamos, no Sabático (no capítulo seguinte, vamos falar mais sobre isso) ou um retiro periódico. No entanto, é mais sobre descanso do que trabalho; é mais sobre *não* fazer do que fazer; subtração, e não adição. É "fácil", e (como é verdade sobre todas as práticas) deixa o resto da vida *mais fácil* ainda.

Silêncio e solidão 131

Cresci em uma tradição de igreja na qual iniciávamos o dia com um momento em silêncio. No início do dia, reservávamos uma parte de nosso tempo para fazer coisas de Jesus. Geralmente, havia café. Normalmente, líamos a Bíblia. Pedíamos que Deus fizesse algumas coisas em nossa vida. Confessávamos nossos erros, nossas necessidades, nossas dores. Às vezes apenas ficávamos sentados. Sozinhos. Em silêncio. Com Deus. E nossa alma.

Por que ninguém mais fala disso? Ou, quando falam, por que as pessoas fazem chacota ou deixam para lá, como se fosse uma ressaca legalista do fundamentalismo?

Tenho um segredo. Não me julgue. Ainda pratico o tempo em silêncio.

Todos os dias.

Não deixaria de fazer isso de jeito nenhum. Geralmente é a *melhor* parte do meu dia, com certeza. E nem sou uma pessoa matinal.

Digo para trazermos de volta o tempo em silêncio. Comemorar como se fosse 1999.

Um brinde a amanhã de manhã, às 6 horas. Café. A cadeira perto da janela, a janela perto da árvore. Tempo para respirarmos. Um salmo e uma história dos Evangelhos. Ouvir a voz do Pai. Deixar a minha sair. Ou apenas sentar, descansar. Talvez eu ouça uma palavra de Deus que mude meu destino; talvez apenas processe minha raiva sobre algo que esteja me incomodando. Talvez perceba minha mente ficar limpa como a água; talvez ela pule de pensamento em pensamento e nunca pare. Se isso acontecer, tudo bem. Voltarei no mesmo horário amanhã. Iniciarei meu dia no lugar silencioso.

E você?

Sabático

Me levantei da cama hoje pela manhã porque *queria* algo.
Diversas coisas, na verdade.

Queria ver o Sol nascer, tomando uma xícara de café...

Queria passar um tempo a sós antes do monstro de três
cabeças do caos (meus filhos Jude, Moses e Sunday) saísse de
seu covil e precisasse ser alimentado...

Queria conseguir cumprir o prazo de escrita deste livro,
conseguir me sustentar, pôr comida na mesa para a família...

O que quero dizer é: acordei com todo tipo de desejo, e esses
desejos me tiraram da cama em um dia de inverno frio e escuro.

O desejo é um ótimo motivador. É o motor que move nossa
vida; sua função é nos impulsionar para fora da cama e
para o mundo.

Mas.

Se em algum momento o desejo não estiver mais sob nosso controle e, em vez disso, estiver controlando nossa vida, estaremos em apuros. Porque, quando você vê a dinâmica do desejo mais de perto, percebe que ele é uma das coisas que nunca, *nunca*, está satisfeita.

Desde 1000 a.C., o Qoheleth de Eclesiastes dizia:

> Os olhos nunca se saciam de ver.[1]

Um poeta mais recente disse de forma mais simples:

> Não consigo me satisfazer.[2]

É a mesma ideia.

O incrível intelectual do século XIII, Tomás de Aquino, certa vez questionou: "*O que satisfaria nosso desejo? Do que precisaríamos para nos* sentirmos *satisfeitos?*" Ele chegou à seguinte resposta: tudo. Precisaríamos experimentar tudo e todos e *ser* experimentados *por* tudo e todos para nos sentirmos satisfeitos. Comer em todos os restaurantes; viajar para todos os países, todas as cidades, todo lugar exótico; conhecer todas as maravilhas naturais; fazer amor com todos os parceiros que desejássemos; ganhar todos os prêmios; chegar ao topo de todas as áreas; ter todos os bens do mundo etc. Teríamos que experimentar *tudo* isso para nos sentirmos... Certo, é o suficiente. Infelizmente, mesmo se tivéssemos fundos ilimitados, o tempo e o espaço ainda teriam o péssimo hábito de ficar no caminho.

Karl Rahner, que foi um dos teólogos católicos mais importantes do século XX, escreveu esta frase assombrosa:

> Na tormenta da insuficiência de tudo que é alcançável, aprendemos que, no fim, nesse mundo não há sinfonia que esteja terminada.[3]

Adoro essa imagem de palavras de uma sinfonia não terminada. Para aqueles de nós que são um pouco menos cultos, imaginem uma música do Chance The Rapper cortada imediatamente antes do fim. Consegue imaginar? Esse *argh...*? Uma sensação frustrada de algo incompleto? De uma melodia não resolvida? Sem refrão?

Essa sensação *é* a condição humana.

Todos esses poetas, profetas e pregadores estão se referindo à realidade de que esse *desejo é infinito*. Ele não tem limite. Jamais chega ao ponto em que está satisfeito. O problema é que *nós somos finitos*; temos todo o tipo de limites, lembra? Então o resultado é a inquietação.

Ou em linguagem matemática: desejo infinito – alma finita = inquietação.

Vivemos de maneira crônica com desejos insatisfeitos. Como uma coceira que não cessa, não importa quantas vezes você coce. Não importa o quanto vemos, fazemos, compramos, vendemos, comemos, bebemos, experimentamos, visitamos etc., sempre queremos mais.

A questão, para nós, como aprendizes de Jesus, ou mesmo como humanos, é simples: O que fazemos com todo esse desejo insatisfeito acumulado? Essa inquietação?

A tradição de Jesus ofereceria isto: o desejo humano é infinito porque fomos feitos para viver eternamente com Deus em Seu mundo e nada menos do que isso vai nos satisfazer, então nossa única esperança é colocar nosso desejo em seu lugar certo — em Deus. E colocar todos os nossos outros desejos em seu lugar certo — *abaixo* de

Deus. Não nos desconectarmos de todo desejo (como no estoicismo ou no budismo), mas chegarmos a um lugar em que não precisamos mais de _____ para viver uma vida feliz e descansada.

Uma das frases mais famosas do caminho de Jesus depois do Novo Testamento é de Santo Agostinho. Ao escrever durante a queda do Império Romano, o bispo de Hipona disse o seguinte:

> Fizeste-nos, Senhor, para ti, e o nosso coração anda inquieto enquanto não descansar em ti.[4]

Mais recentemente, Dallas Willard escreveu:

> O desejo é infinito em parte porque fomos feitos por Deus, feitos para Deus, feitos para precisarmos de Deus e feitos para funcionar à base de Deus. Só conseguimos estar satisfeitos por Aquele que é infinito, eterno e que consegue atender a todas as nossas necessidades; só estamos em casa quando estamos em Deus. Quando nos afastamos de Deus, o desejo pelo infinito continua, mas está deslocado em coisas que certamente levarão à destruição.[5]

No final, nada nessa vida, a não ser Deus, pode satisfazer nossos desejos. Tragicamente, continuamos nossa busca infinita por nossos desejos. O resultado? Um estado crônico de inquietação, ou pior, angústia, ansiedade, desilusão, depressão — levando a uma vida de *pressa*, de ocupação, sobrecarga, compras, materialismo, carreirismo, uma vida com sempre mais coisas… o que, por sua vez, nos deixa ainda *mais* inquietos. E o ciclo sai de nosso controle.

Para deixar o problema ainda pior, tudo isso é exacerbado por nosso momento cultural de marketing digital de uma sociedade construída em torno dos deuses gêmeos: acúmulo e conquista.

A publicidade é literalmente uma tentativa de monetizar nossa inquietação. Eles dizem que vemos mais de 4 *mil* comerciais por dia, todos desenvolvidos para atiçar o fogo dentro de nós. Compre isso. Faça isso. Coma isso. Beba isso. Tenha isso. Veja isso. Seja isso. Em seu livro sobre o Sabático, Wayne Muller opinou: "É como se tivéssemos sem querer chegado a uma terra das maravilhas horripilante".[6]

As redes sociais elevam esses problemas a um nível inteiramente novo, enquanto vivemos sob uma barragem formada por imagens — não apenas de departamentos de marketing, mas de ricos e famosos, assim como de amigos e família, todos escolhendo os melhores momentos de suas vidas. Isso acaba se tornando, involuntariamente, um pecado fundamental da condição humana que vem desde o jardim — a inveja. A cobiça pela vida de outra pessoa e a perda da gratidão, da alegria e do contentamento pela nossa.

Quando nossa inquietação humana inata colide com a era digital, o resultado é um surto de doenças emocionais e morte espiritual por toda a sociedade.

Então...

Existe uma prática da vida e dos ensinamentos de Jesus para suavizar a inquietação crônica de nossa condição e cultura e para acessar o descanso de Jesus para nossa alma? Você já sabe a resposta: *caramba*, sim. Muitas, porém no topo da lista está o Sabático.

O Sabático

A palavra *Sabático* chegou até nós por meio do hebraico *Shabbat*. A palavra significa literalmente "parar". O Sabático é simplesmente um dia para parar: de trabalhar, de querer, de se preocupar; apenas *parar*.

Pense nas imagens que chegam até nós pelas propagandas sobre estilos de vida — em nossos feeds de mídias sociais ou naquela revista da moda na mesa de centro. O casal relaxando na cama king-size com o café da manhã, o linho orgânico que vai até o chão; o piquenique perfeito para foto na praia, com vinho, queijos e aquele biquíni da moda; alguém nos seus 20 anos tocando violão no sofá enquanto olha a chuva cair. Independentemente de estarem vendendo um novo roupão, um edredom ou um móvel, quase todos são imagens de Sabático. De parar.

A equipe de marketing do *Blue Dot* ou as revistas *Kinfolk* e *Cereal* sabem que você deseja esse tipo de vida rica parada, *mas que você não tem*. E eles se aproveitam de sua inquietação, esperando lucrar com ela. A ironia é que, para ter esse sentimento, você não precisa pagar US$99,99 em um roupão felpudo, ou US$69,99 em uma manta feita à mão. Você só precisa praticar o Sabático, parar. Você só precisa tirar um dia da semana para desacelerar, respirar.

Mas o Sabático é mais do que só um dia, é uma *forma de estar* no mundo. É um espírito de descanso que vem de permanecer, viver na presença amorosa do Pai durante a semana inteira.

Você pode imaginar o Sabático desta maneira:

Descanso — **Inquietação**

Margem de tolerância _____ Ocupação

Lentidão _____ Pressa

Silêncio _____ Barulho

Relacionamentos profundos _____ Isolamento

Tempo sozinho _____ Multidão

Deleite _____ Distração

Apreciação _____	Inveja
Clareza _____	Confusão
Gratidão _____	Cobiça
Contentamento _____	Descontentamento
Confiança _____	Preocupação
Amor _____	Raiva, angústia
Alegria _____	Melancolia, tristeza
Paz _____	Ansiedade
Trabalho com amor _____	Trabalho por amor
Trabalho como contribuição _____	Trabalho para acúmulos e conquistas

Que lista o descreve melhor? Se você se parece mais com a lista B, mais uma vez, não vou fazer você se sentir culpado. A natureza humana e a era digital formam uma aliança de mau agouro *contra* um espírito de descanso. Todos temos dificuldades nessa área.

Não é à toa que o autor de Hebreus, falando sobre o Sabático e seu espírito de descanso, nos chamou a "esforçar-nos por entrar nesse descanso".[7] Perceba a ironia desse comando; precisamos trabalhar duro para descansar bem.

Existe uma disciplina para o Sabático que é muito difícil para muitos de nós. Precisa de muita intencionalidade: não é algo que simplesmente acontece com você. Precisa de planejamento e preparo. Precisa de autocontrole, a capacidade de dizer não a uma lista de coisas boas, para que possa dizer sim à melhor delas. Mas o Sabático é a disciplina, ou prática, primária por meio da qual cultivamos o espírito do descanso em nossas vidas como *um todo*. O Sabático é para o espírito de descanso o que o treino de futebol é para uma partida, ou o que o ensaio da banda é para um show. É como treinamos, como preparamos nosso corpo e nossa alma para os momentos que mais importam.

Walter Brueggemann tem esta frase excelente: "As pessoas que praticam o Sabático vivem os sete dias da semana de maneira diferente".[8] É verdade. Preste atenção no Sabático. Ela vai mexer com você. Primeiro vai mexer com um dia de sua semana; depois vai mexer com sua vida inteira.

Para esclarecer, o Sabático não é *menos do* que um dia; é muito mais. Portanto, era parte integral da rotina semanal de Jesus.

Jesus sobre o Sabático

Era uma tarde de sábado preguiçosa: quente e com céu limpo. Jesus caminhava por um campo de milho com seus aprendizes, como sempre. Era o Sabático, e essa é uma das muitas histórias sobre Jesus e o sétimo dia. Construído no ritmo de vida de Jesus, era uma prática fundamental — um *dia* inteiro, toda semana, separado só para desacelerar, parar.

Mas, nesse Sabático em particular, Jesus entrou em apuros com os fariseus. Eles questionaram a forma como Jesus e seus amigos estavam celebrando o dia, sentindo falta do coração de Deus por trás dessa prática. Em uma resposta amorosa, Jesus simplesmente disse:

> O sábado foi feito por causa do homem, e não o homem por causa do sábado.[9]

Que frase maravilhosa. Aqui estamos nós, milhares de anos depois, lendo-a e relendo-a. Mesmo assim, infelizmente, muitas vezes *lendo-a da forma errada*. No contexto, Jesus estava combatendo uma cultura religiosa legalista, cheia de culpa, que tinha perdido completamente o coração do Pai por trás da ordem de desacelerar um dia na semana. Tradução: uma cultura que era (nessa área) o *completo oposto* da nossa.

Os judeus do século I precisavam ouvir a segunda parte daquela ordem: "O sábado foi feito por causa do homem, *e não o homem por causa do sábado*". Eles entenderam o contrário, o carro antes dos bois e tudo o que isso significa.

Adiantamos para o século XXI: não somos legalistas sobre o Sabático — a maior parte de nós não pratica o Sabático *de jeito nenhum*. Um dia de descanso? Claro. Adoração no domingo? Quando eu posso. Mas *Sabático*? Pouquíssimos de nós sequer sabem exatamente o que é isso.

O Sabático não é uma ideia nova; veio milênios antes de Jesus. Só é novo para *nós*.[10]

Meu companheiro de Portland e querido amigo A. J. Swoboda escreveu:

> [O Sabático] foi amplamente esquecido pela igreja, que tem imitado sem ressalvas os ritmos do ocidente industrial e obcecado com o sucesso. O resultado? Nossas igrejas exaustas, cansadas da estrada, falharam amplamente em integrar o Sabático em suas vidas como elemento vital do discipulado cristão. Não é como se nós não amássemos Deus — amamos Deus profundamente. Só não sabemos mais como estar com Ele.

Ele continuou:

> Nós nos tornamos talvez o povo mais exausto emocionalmente, psicologicamente sobrecarregado e espiritualmente malnutrido da história.[11]

Eu diria que os norte-americanos do século XXI (e, sim, todos os meus amigos no Reino Unido, Austrália e Islândia, você também...) precisam ouvir a *primeira* metade daquela ordem: "O sábado foi feito por causa do homem". Foi criado, desenvolvido, pelo próprio Deus. E foi "por nossa causa". Um presente dado pelo Criador à sua criação para ser apreciado. Para receber com gratidão.

Em seu ensinamento icônico de apenas uma linha sobre o Sabático, Jesus estava falando de uma prática tão antiga quanto a própria Terra. Uma prática que vem desde Gênesis 1.

No princípio...

Então a história da Bíblia começa com: "No princípio Deus criou os céus e a terra". Mas depois de seis dias de trabalho duro para deixar o universo funcionando, lemos:[12]

> No sétimo dia Deus já havia concluído a obra que realizara, e nesse dia descansou. Abençoou Deus o sétimo dia e o santificou, porque nele descansou de toda a obra que realizara na criação.[13]

Você viu isso?

Deus descansou.

"É, eu não gosto muito desse negócio de Sabático, sou extrovertido e gosto de estar ocupado e..."

Deus descansou.

"É, entendo a ideia do Sabático, mas meu trabalho, que eu amo, é muito exigente e não posso reservar esse tempo, porque..."

Deus descansou.

"É, mas tenho duas crianças pequenas em casa e não tem como fazer isso agora. Talvez mais tarde, quando..."

Preciso falar de novo?

Deus descansou.

E, ao fazê-lo, ele construiu um ritmo no DNA da criação. Um tempo, uma batida sincopada. Deus trabalhou por seis, descansou por um.

Quando lutamos contra esse ritmo de trabalho por seis dias e contra o Sabático por um, nadamos contra a correnteza do universo. Citando o filósofo H. H. Farmer: "Se você nada contra a correnteza do universo, você tem cãibras".[14]

Já ouvi pessoas rirem e desprezarem o Sabático com um terrível clichê: "É, bem, o diabo nunca tira um dia de folga".

Hmmm, da última vez que chequei, o diabo havia perdido. Além disso, ele é o *diabo*.

A última vez que uma sociedade tentou abandonar a semana de sete dias foi durante a revolução na França. Eles trocaram para uma semana de dez dias, para aumentar a produtividade. A ascensão do proletariado! E daí? Desastre — a economia quebrou, a taxa de suicídios disparou; e a produtividade? *Diminuiu.* Foi provado estudo após estudo: não há correlação entre pressa e produtividade. De fato, uma vez que você trabalha um número de horas durante a semana, sua produtividade despenca. Quer saber qual é o número? Cinquenta horas. Irônico: é mais ou menos uma semana de trabalho de seis dias. Um estudo descobriu que não havia diferença de produtividade entre trabalhadores que trabalhavam setenta horas e aqueles que trabalhavam cinquenta e cinco horas.[15] Seria Deus falando conosco por meio de nosso corpo?

O que quero dizer é que esse ritmo não é produto da genialidade humana — a versão antiga de Os 7 Hábitos das Pessoas Altamente Eficientes — que podemos adaptar ou modificar da forma como acharmos melhor para a era moderna. É a forma como uma mente brilhante desenvolveu nossa alma e nossa sociedade para florescer e prosperar.

Lutar contra isso é lutar contra Deus.

Lutar contra Deus é lutar contra nossa alma.

Mas o que o autor do *Gênesis* quer dizer com "descansou"? Deus estava cansado? Com Síndrome de *Burnout?*

Como eu disse, a palavra hebraica *Shabbat* significa "parar". Mas também pode ser traduzida como "deleitar-se". Tem essa ideia dúbia de parar e, também, de sentir alegria em Deus e em nossa vida nesse mundo. O Sabático é um dia inteiro reservado para seguir o exemplo de Deus, para parar e se deleitar.

Deleitar-se no mundo…

Em nossa vida nele…

E, acima de tudo, no próprio Deus.

Se você é novo no Sabático, uma pergunta para moldar sua prática é: O que eu poderia fazer durante um dia inteiro que preencheria minha alma com uma alegria profunda e pulsante? Que me faria entrar em combustão espontânea de maravilha, espanto, gratidão e adoração?

Dan Allender, em seu livro *Sabbath*, disse o seguinte:

> O Sabático é um convite para adentrar o deleite. O Sabático, quando vivido como Deus planejou, é o melhor dia das nossas vidas. Sem questão ou dúvida, é o melhor dia da semana. É o dia que esperamos na quarta-feira, na quinta-feira e na sexta-feira — e o dia que lembramos no domingo, na segunda-feira e na terça-feira. O Sabático é o tempo sagrado em que banqueteamos, brincamos, dançamos, fazemos sexo, cantamos, oramos, rimos, contamos histórias, lemos, pintamos, andamos e observamos a criação em sua totalidade. Poucas pessoas querem entrar no Sabático e santificá-lo, torná-lo sagrado, porque um dia inteiro de deleite e alegria é mais do que as pessoas conseguem suportar em uma vida inteira, imagine em uma semana.[16]

Tudo isso está enraizado em Deus. Ele descansou. Ele parou. Ele reservou um dia inteiro só para o deleite em Seu mundo.

Mas perceba o que mais Deus fez: ele "abençoou o sétimo dia e o santificou". Duas coisas dignas de nota.

Primeiro, o Sabático é "abençoado". Na história do *Gênesis*, três coisas foram abençoadas por Deus.

Para começar, Deus abençoou o reino animal com uma invocação: "Sejam férteis e multipliquem-se".[17]

Em seguida, Ele abençoou a humanidade da mesma forma: "Sejam férteis e multipliquem-se".[18]

Então, Deus abençoou o Sabático.

Espere, então Deus abençoou os animais, os humanos, e depois… um *dia*?

Hmm.

O que isso significa?

Significa que o Sabático — assim como um animal ou um ser humano — tem a capacidade de dar vida, de procriar. De encher o mundo com mais vida.

A vida é cansativa. (Prova disso é que, provavelmente, você leu a frase e deu um suspiro…) Você chega no final da semana e, mesmo que ame seu trabalho, está esgotado em todos os níveis — emocional e, até mesmo, espiritualmente. O Sabático é como preenchemos novamente nossa vida com vida.

Recentemente li uma pesquisa realizada por um médico que citava as pessoas mais felizes na Terra. Perto do topo da lista estava um grupo de cristãos denominados Adventistas do Sétimo Dia, que têm sua religião, literalmente, em torno do Sabático. Esse médico percebeu que eles viviam dez anos a mais do que o norte-americano médio.[19] Fiz as contas: se eu praticar o Sabático a cada sete dias, isso dá — espere só — *dez anos* da vida. Quase exatamente. Então, quando digo que o Sabático dá vida, não é retórica vazia. Se pudermos acreditar nesse estudo, cada dia que você pratica o Sabático, você tem mais probabilidade (estatística e cientificamente) de receber de volta uma vida mais longa.[20]

Daqui para a frente, vou praticar o Sabático três vezes por semana...

Você não apenas viverá mais; mais importante ainda, você viverá *melhor*.

Então, em primeiro lugar, o Sabático é "abençoado".

Em segundo lugar, ele é "santificado".

Já pensou nisso? Como um dia pode ser "santificado"?

Isso nunca seria chocante para a plateia original. No Antigo Oriente Próximo, os deuses eram encontrados no mundo do espaço, não do tempo. Eles eram encontrados em um templo sagrado, em uma montanha sagrada ou em um santuário sagrado. Mas *esse* Deus — o único, verdadeiro Deus Criador — não é encontrado em um lugar, mas em um dia. Se você quiser sair e encontrar esse Deus, não precisa peregrinar para Meca, Varanasi ou Stonehenge. Apenas precisa reservar um dia na semana para o *Sabático*, parar o suficiente para experimentá-lo.

Então existe um dia que é *abençoado* e *santificado*. Um ritmo na criação. Seis e um. Quando acessamos esse ritmo, experimentamos saúde e vida.

Mas, quando lutamos contra ele — ignorando-o, suprimindo-o, tirando-o do caminho, ameaçando-o, criando desculpas, procurando formas de escapar dele —, colhemos as consequências.

Considere a mente: ficamos mentalmente letárgicos, entorpecidos, distraídos, inquietos e deixamos de ser criativos. A doença emocional se torna nossa nova normalidade. A irritabilidade, a raiva, o cinismo e seu gêmeo, o sarcasmo, oprimem nossa defesa e tomam controle de nossa disposição.

Considere, agora, o corpo: ficamos cansados e esgotados; nosso sistema imune começa a falhar, perde o ritmo. *Outro* resfriado. É como se nosso sistema nervoso estivesse tentando chamar nossa atenção.

Mesmo assim, continuamos. Até que, inevitavelmente, caímos. Algo em nossa mente ou em nosso corpo desiste, e terminamos deitados no chão. Tenho minha história, contei a maior parte dela no início deste livro, mas deixei de fora a parte em que era viciado em trabalho com personalidade do tipo A, abastecido com ambição (como chamamos isso agora? *Motivação*?), sem a menor ideia de como descansar. Eu tinha um dia de descanso semanal, claro, mas passava esse dia fazendo todo o trabalho que ninguém me pagava para fazer (contas, cortar a grama do quintal etc.), assim como coisas como compras e entretenimento.

O Sabático não fazia parte do meu vocabulário, muito menos do meu cotidiano. Mas todos chegamos no Sabático, voluntária ou involuntariamente. Eventualmente, a correnteza do universo me alcançou, e eu caí *com força*. Meu sabático foi como brincar de pega-pega com uma década de Sabático perdidos, que tinham vindo fazer a cobrança de juros.

Imagino que você tenha uma história também.

Se não tiver ainda, *você terá*. O Sabático está vindo para você, como deleite ou disciplina.

Talvez seja por isso que Deus, no fim, precisou *ordenar* o Sabático. Parece estranho para você? É como ordenar sorvete, música ao vivo ou dias na praia. É de se pensar que estaríamos empolgados em praticar o Sabático. Mas, aparentemente, existe algo na condição humana que faz com que queiramos viver a vida com pressa, o mais rápido possível, para nos rebelarmos contra as limitações do próprio tempo. Por causa de nossa imaturidade, disfunção e vício, Deus precisou ordenar seu povo a fazer algo que é profundamente revigorante — descansar.

Existem várias ordens de Sabático na Bíblia. Deixe-me apresentar as duas mais importantes.

Ordem um: Sabático como descanso e adoração

Cenário: Israel estava acampada em torno do Monte Sinai. Recém--saída do Egito. Eles estavam prestes a se tornarem "uma nação santa"[21], o povo de Deus. No entanto, o mais importante primeiro; eles precisavam de um manifesto sobre como viver na nova realidade. Então, Deus expôs os Dez Mandamentos. Um mandamento era maior do que todos os outros. *Muito* maior. Se você fosse transformar os Dez Mandamentos em um gráfico de pizza, esse ficaria com mais de 30% da pizza. E qual era a ordem?

> Lembra-te do dia de Sábado, para santificá-lo.[22]

Eu adoro a primeira palavra, "Lembra-te". É fácil esquecer que existe um dia que é abençoado e santificado. É fácil ser sugado para uma vida de velocidade, deixar o ritmo de sua vida chegar muito perto da insanidade. Esquecer: Criador (não eu), criação (eu).

Lembre-se de que a vida veio a nós como um presente.

Lembre-se de reservar um tempo para se deleitar nele como um ato de adoração grata.

Lembre-se de estar presente no momento e sua alegria.

Humanos estão sujeitos à amnésia, então Deus nos ordena a lembrar.

Então Deus disse:

> Trabalharás seis dias e neles farás todos os teus trabalhos, mas o sétimo dia é o sábado dedicado ao Senhor teu Deus.[23]

Perceba a parte mais importante: "o sábado dedicado ao Senhor". Também pode ser traduzido como "reservado para o Senhor".

Então o Sabático não é apenas um dia para descanso; é também um dia para adoração. Por *adoração,* não quero dizer necessariamente cantar na igreja (apesar de esse ser um ótimo exemplo); quero dizer toda a orientação de vida direcionada a Deus.

Anote isso, porque essa próxima linha é fundamental: *o Sabático não é a mesma coisa que uma folga.*

Qual é a diferença?

Eugene Peterson tinha um nome para um dia de folga; ele o chamava de "Sabático bastardo".[24] O filho ilegítimo do sétimo dia e da cultura ocidental. Em seu dia de folga, você não trabalha para seu empregador (em teoria). Mas ainda trabalha. Faz afazeres, faz o que precisa ser feito na casa ou no apartamento, paga as contas, dá uma passada na loja de móveis IKEA (e lá se vão quatro horas…). Você se diverte! Assiste a um filme, joga uma pelada com os amigos, faz compras, pedala pela cidade. E isso é ótimo, tudo isso. Adoro meu dia de folga. Mas essas atividades não compõem um Sabático.

No Sabático, tudo o que fazemos é *descansar* e *adorar.*

Quando eu pratico o Sabático, passo cada atividade por esta lista dupla: Isso é descanso e adoração? Se a resposta for "Não", ou "Quase, mas não muito", ou "Hmm…", então simplesmente não a faço. Há outros seis dias para fazer isso. Qual é o desespero? Afinal, não estou com pressa…

Perceba quão fácil, libertadora, espaçosa e não legalista é essa ordem. "Descanso" e "adoração" são categorias amplas. Muito espaço para interpretação baseado em seu tipo de personalidade Myers-Briggs ou em seu estágio de vida. Não existe uma fórmula, lista ou programação. O Sabático será diferente para, digamos, um pastor introvertido em seus 30 anos, criando uma família em uma cidade movimentada, como eu, ou de uma jovem aos 20 anos, solteira, vivendo no dormitório da faculdade, ou, ainda, de pessoas com síndrome do ninho vazio, vivendo em uma fazenda. Isso é ótimo. Faça o que precisa fazer. O importante é reservar um dia para nada além de *descanso* e *adoração*.

As pessoas ouvem a palavra "adoração" e, frequentemente, supõem que significa cantar canções de Betel o dia inteiro enquanto leem a Bíblia e praticam orações de intercessão. Tudo isso é ótimo. Mas digo adoração no sentido amplo e holístico da palavra. Expanda sua lista de disciplinas espirituais para incluir comer um burrito na varanda, beber uma garrafa de vinho com seus amigos em um jantar longo e preguiçoso, caminhar pela praia com a pessoa que você ama ou com seu melhor amigo — qualquer coisa que indique a seu coração o reconhecimento da realidade e a gratidão pela bondade de Deus.

A ordem termina com o motivo, ou a motivação por trás do Sabático:

> Pois em seis dias o Senhor fez os céus e a terra, o mar e tudo o que neles existe, mas no sétimo dia descansou. Portanto, o Senhor abençoou o sétimo dia e o santificou.[25]

O Sabático é o único dos Dez Mandamentos que tem um "motivo" por trás. Deus não diz "*Não matarás, e aqui está o motivo porque isso é ruim…*"; Ou "*Não roubarás, e aqui está o motivo pelo qual isso não é uma boa ideia*". Mas, para o Sabático, Deus volta à história do *Gênesis*, chamando suas pessoas para os "ritmos da graça".

De fato, acho fascinante que o Sabático seja a única "disciplina espiritual" que chegou nos Dez Mandamentos.

Nada de igreja, ler a Bíblia, nem mesmo uma oração. O Sabático é a disciplina fundamental do povo de Deus. Tão fundamental que Deus nos ordena com amor a nos lembrarmos de descansar.

Essa é a primeira ordem. Vamos para a próxima.

Ordem dois: Sabático como resistência

Cenário: Israel às margens do rio Jordão, muito perto de Canaã. O Monte Sinai tinha sido há quarenta anos. Algumas coisas deram terrivelmente errado, e Israel teve um atraso de quarenta anos. Com isso, Moisés precisou passar os Dez Mandamentos *novamente* para a geração seguinte. A maior parte deles não esteve no Monte Sinai, ou, se estiveram, eram jovens demais para se lembrarem. Então era hora de um curso de atualização. Mas, na segunda edição de Moisés, houve uma mudança sutil. É fácil de perder, então preste muita atenção:

> Guardarás o dia de sábado a fim de santificá-lo, conforme o Senhor, o teu Deus, te ordenou. Trabalharás seis dias e neles farás todos os teus trabalhos, mas o sétimo dia é um sábado para o Senhor, o teu Deus.[26]

Você viu? A primeira palavra é diferente. Em vez de "lembra-te", do Sabático, Moisés diz que "guardarás" o dia.

E o que isso significa?

Pense em como consideramos um feriado como o Natal ou a Páscoa. Nós nos preparamos para isso, planejamos o dia com antecedência, fazemos o possível para que seja especial, esperamos que esse dia chegue com antecipação. O Sabático é assim: um feriado toda semana, mas sem todo o estresse e o drama familiar. Uma celebração semanal de tudo o que é bom no mundo de Deus.

Além dessa diferença, a ordem foi praticamente a mesma, até chegarmos ao fim, quando foi editada, dessa vez radicalmente:

> Lembra-te de que foste escravo no Egito e que o Senhor, o teu Deus, te tirou de lá com mão poderosa e com braço forte. Por isso o Senhor, o teu Deus, te ordenou que guardes o dia de sábado.[27]

Uau...

Essa não é uma mudança pequena; é um pensamento completamente diferente por trás da ordem.

O que diabos Moisés estava pensando?

Deixe-me analisá-la para você.

No Êxodo, a ordem do Sabático está fundamentada na história da criação. No ritmo que Deus construiu no mundo. Um ritmo com o qual entramos em contato para ter saúde emocional e vida espiritual. Esse é o motivo do Sabático.

Mas em Deuteronômio, a ordem está fundamentada na história do Êxodo. Na libertação de Israel da escravidão do Faraó e de seu império. Esse é *outro* motivo para o Sabático.

Por que essa mudança?

Bem, essa foi a primeira geração a crescer em liberdade. Seus pais eram escravos. E seus avós. E seus *bisavós*. Escravos de um império que tinha devorado seres humanos, um tijolo, uma pirâmide, um edifício de cada vez, durante séculos. Um império com um apetite tão voraz que as pessoas tinham que construir "cidades estoque"[28] apenas para estocar todas as coisas extras. Um império motivado pela ânsia por *mais*.

E o Egito, como todos os outros impérios desde então, era um sistema econômico construído nas costas dos oprimidos. Para alcançar o luxo opulento e suntuoso de um faraó, é preciso mão de obra barata. É preciso escravos exaurindo seus corpos até que não restasse nada além de cinza e pó.

Os escravos não têm um Sabático. Eles não têm sequer um dia de folga. Eles trabalham todos os dias, o dia inteiro, até morrerem. Escravos são sub-humanos. Um item de linha em uma planilha. Comprados e vendidos como uma mercadoria, um meio para qualquer fim que os ricos e poderosos desejem. Tudo o que importa é o resultado.

E o Egito, meus amigos, está vivo e bem.

E vivemos bem no meio dele.

Vivemos em uma cultura de *mais*. Uma cultura de desejo escancarado e insaciável. Por tudo. Desejo por *mais* comida, *mais* bebida, *mais* roupas, *mais* dispositivos, *mais* aplicativos, *mais* coisas, *mais* metros quadrados, *mais* experiências, *mais* carimbos no passaporte — *mais*.

Temos tanta porcaria que, nós, como o Egito, precisamos construir nossas próprias cidades estoque. Nós a chamamos de unidades de armazenamento, e elas são uma indústria de 38 bilhões de dólares só nos Estados Unidos[29], ocupando 2,1 bilhões de metros quadrados, o suficiente para cada norte-americano ter mais de 0,5 metro para si.[30] O que significa que poderíamos praticamente dar moradia para uma nação inteira — *dentro de nossas* unidades estoque.

O Faraó adoraria os EUA.

Assim como o Egito, somos um império construído na opressão dos pobres. No caso dos Estados Unidos (e de muitas outras nações), literalmente. Mais do que isso, encontramos uma forma de manter a escravidão sem culpa. Achamos que a escravidão acabou em 1865, mas a verdade é que, apenas a colocamos em outro patamar. O que os (nossos) olhos não veem, o coração não sente. Existem mais de 28 milhões de escravos no mundo atualmente, *mais* do que foram traficados no mercado escravo transcontinental do século XVIII.[31] A probabilidade é que sua casa ou seu apartamento esteja repleto de coisas que eles produziram: uma camiseta, um par de sapatos, aquele relógio na parede, aquelas bananas.

Na verdade, quando economistas desenham uma imagem de nosso sistema econômico global, eles desenham uma pirâmide. Alguns até mesmo a chamam de "Pirâmide da Riqueza Mundial".

Perceba que, no topo, está 0,7% da humanidade, com 45,9% da riqueza mundial. Essas pessoas *ricas para caramba*, você sabe, dirigem um carro, têm um computador, têm mais de um par de sapatos (e possivelmente estão lendo este livro com um *latte* que custou US$5,00).

Na base? Está um pouco mais de 70% de nosso mundo, com míseros 2,7% de nossa riqueza.[32] A vasta faixa de pessoas no Sudeste da Ásia e por toda a África. As pessoas que fazem nossas meias e nossos sapatos, nossos smartphones e nossas lancheiras do

Star Wars. Muitos deles trabalhando sete dias na semana, doze horas por dia, no calor sufocante de uma fábrica no Vietnã, ou no frio de um campo de algodão no Uzbequistão, apenas para sobreviverem. Muitos contra sua vontade. Ainda sob o calcanhar do império.

Pirâmide da Riqueza Mundial#

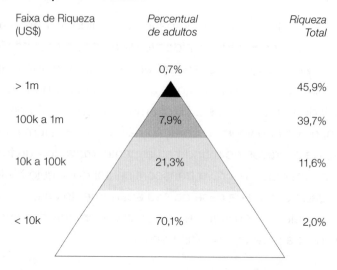

É provável que, se você está lendo este livro, esteja perto do topo, não da base. Essa é a parte complicada sobre o Egito. É o inferno se você for um escravo, mas não é tão ruim assim se for norte-americano.

Quero dizer, egípcio.

Agora, o que isso tem a ver com o Sabático?

Muito.

O Sabático, como todos sabemos por meio da famosa frase do estudioso do Velho Testamento Walter Brueggemann, é "um ato de resistência".[33] É um ato de rebelião contra o Faraó e seu império. Uma insurgência e insurreição contra os "ismos" do mundo ocidental —

globalismo, capitalismo, materialismo, todos os quais soam bons, mas rapidamente transformam os ricos e os pobres em escravos. O Sabático é uma forma de se manter livre e de certificar-se de nunca ser sugado novamente para a escravidão; ou, *pior*, tornar-se o próprio condutor de escravos.

Meu amigo A. J. chama isso de "justiça social programada". Frequentemente, quando ouço a respeito de alguma injustiça opressora no mundo, ou até mesmo a crescente disparidade socioeconômica em meu país, fico profundamente perturbado e penso: "*O que eu posso fazer?*" Bem, uma coisa que eu posso fazer é nada, um dia por semana.

Você consegue imaginar o que aconteceria com nossa sociedade se todo o comércio parasse uma vez na semana? Se todas as lojas que funcionam todos os dias, 24 horas por dia passassem a funcionar 6 dias por semana? Se os sites parassem de receber pedidos e os depósitos da Amazon fechassem por um dia. Se os restaurantes desligassem seus fornos por um dia. Você consegue imaginar o que isso faria para os pobres em nossas cidades? Criar espaço para que eles descansem e passem tempo com as pessoas que amam? Sem mencionar o que isso faria para o resto de nós. Se ao menos conseguíssemos passar um dia inteiro sem comprar nada.

Conseguimos. Alguns negócios de cristãos já deram esse passo corajoso de fechar suas lojas e seus sites aos domingos (razão pela qual sofrem chacota constante); e enquanto você ou eu não somos presidentes de uma corporação, ao praticar o Sabático, ainda podemos fazer nossa pequena parte para a justiça no mundo.

O Sabático é uma forma de dizer "Basta". Comprar coisas nem sempre é algo ruim, mas a maior parte de nós tem mais do que o suficiente para aproveitar uma vida rica e satisfatória. Como o salmista disse: "de nada terei falta".[34]

É por isso que, sob a Torá, toda a compra e venda era proibida no Sabático. Essa não era uma regra legalista do Pacto Antigo da qual estamos "livres" agora. Era uma prática que revigora, uma forma de quebrar nosso vício dos deuses gêmeos ocidentais: a conquista e o acúmulo. Novamente, a conquista e o acúmulo não são ruins isoladamente, desde que não tirem vantagem dos pobres (o que geralmente *fazem...*). Mas existe um limite. Em algum momento, você precisa desenhar uma linha na areia e dizer: "*Estou bem. Não preciso de outro par de sapatos, outro item de decoração em minha estante, outra ferramenta para minha garagem, outro dia no spa*".

Tenho o suficiente.

O que eu realmente preciso é de *tempo* com Deus para apreciar o que já tenho.

O Sabático é como uma tática de guerrilha. Se você quer se livrar do jugo opressivo do mestre de obras do Egito e de seu desejo incansável e implacável por mais, apenas reserve um dia por semana *e mostre para o homem*. Não compre. Beba muito do poço da vida comum: uma refeição com os amigos, tempo com a família, uma caminhada na floresta, chá da tarde. Acima de tudo, desacelere o suficiente para aproveitar a vida com Deus, que oferece tudo o que o materialismo lhe promete, mas nunca lhe entrega — a saber, contentamento.

Nas palavras de Ronald Rolheiser, que sinto que deveria receber royalties deste livro:

> Muito da nossa infelicidade vem de comparar nossas vidas, nossas amizades, nossos amores, nossos compromissos, nossas obrigações, nosso corpo e nossa sexualidade a uma visão idealizada e não cristã das coisas que, de maneira falsa, nos assegura que existe um paraíso na Terra.

Quando isso acontece, e acontece, nossas tensões começam a nos enlouquecer, nesse caso, até atingirmos uma inquietação cancerosa.[35]

Ah, cara... essa expressão "inquietação cancerosa". Ele continuou:

Mas o descanso verdadeiro é uma forma de consciência, uma forma de ser na vida. É viver uma vida comum com uma sensação de tranquilidade, gratidão, apreciação, paz e oração. Estamos descansados quando a vida comum é suficiente.[36]

Então o que vai ser? Uma "inquietação cancerosa" que é tão antiga quanto o Faraó? Sempre comparando sua vida à da outra pessoa? Esperando a próxima compra para alcançar o topo? Ou um contentamento que cura de uma vida sem pressa e sem preocupações?

E se a vida comum for suficiente?

Um governador na velocidade da vida

Falando sobre inquietação cancerosa e comprar coisas de que não precisamos, quando T e eu éramos recém-casados, na época gloriosa do DINK — Dual Income, No Kids (dois salários, sem filhos) —, ela me deu uma motocicleta de Natal.

Sim, ela é incrível.

Então, naturalmente, tive que retribuir o presente. Alguns meses depois, comprei uma Vespa para ela em nosso aniversário de casamento. Novinha, azul celeste; a felicidade em duas rodas.

Precisei tirar minha carteira de habilitação antes que pudesse sequer fazer um test-drive em minha moto, mas a T não. A Vespa dela tinha esse dispositivo chamado "governador". Sabe o que é isso? Eu não sabia. É um limitador no motor que impede ela de ultrapassar 80 quilômetros por hora. Nas leis do Oregon, desde que a motocicleta não ultrapasse 80 quilômetros por hora, você não precisa de carteira de motorista para motocicleta.

Você já viu aonde isso vai dar.

O Sabático é como um governador na velocidade da vida.

Trabalhamos durante a semana inteira, nos divertimos, cozinhamos, limpamos, fazemos compras, nos exercitamos, respondemos a mensagens, habitamos o mundo moderno, mas, no fim das contas, atingimos um limite. No Sabático, nós desaceleramos, mais do que isso, paramos completamente.

Uma das coisas surpreendentes que apendi quando comecei a praticar o Sabático é que, para aproveitar de verdade o sétimo dia, você precisa desacelerar nos *outros* seis dias. Você não pode andar a 150 quilômetros por hora a semana inteira, com o pé na tábua, devastando a alma até o fim por seis dias seguidos, e esperar pisar no freio no Sabático para se sentir imediatamente incrivelmente zen. Você precisa encontrar um ritmo. Como dizíamos quando eu tocava em bandas independentes de rock: "Encontre sua batida".

Porque o Sabático não é só um espaço de 24 horas em sua programação semanal; é um *espírito* de descanso que o acompanha durante toda a semana. Uma forma de viver com "tranquilidade, gratidão, apreciação, paz e oração". Uma forma de trabalhar do descanso, não para o descanso, com nada a provar. Uma forma de dar os frutos do permanecer, não da ambição.

Como Brueggemann disse com tanta eloquência:

> As pessoas que praticam o Sabático vivem todos os sete dias de maneira diferente.[37]

Esse é o motivo de o Sabático ser no sétimo dia, não no terceiro ou no quarto. Não é um intervalo para que possamos descansar para voltarmos para o que realmente importa: o trabalho. É o clímax, o apogeu, é o ápice da semana.

Se você não pratica o Sabático, está perdendo o melhor dia da semana entre todos os outros.

Então.

Respire fundo.

Estamos terminando.

Para finalizar este capítulo, deixe-me apenas falar do coração. Aprecio profundamente a prática do Sabático. Para mim, não é uma ressaca legalista de alguma ideia fundamentalista, mas uma prática do caminho de Jesus, um sistema de entrega para a *vida*.

Existem todos os tipos de debate e controvérsia sobre a necessidade de manter o Sabático como seguidores de Jesus. Estou entre a minoria que acha que precisamos. É um dos Dez Mandamentos, no fim das contas, e Jesus não fez absolutamente nada para anulá-lo. Sim, a igreja primitiva o alterou para domingo; mas, até a década de 1950, o domingo era "o dia do Senhor", e isso significava muito mais do que ir à igreja por duas horas; significava um dia inteiro de descanso. Mas honestamente? Não me importaria muito em não ter que continuar praticando o Sabático. Eu *quero* continuar praticando o

Sabático. Mesmo se o Sabático não for mais uma ordem obrigatória, ainda é a correnteza do universo. É um presente — e um presente que quero abrir e aproveitar.

Nove em cada dez vezes o Sabático é o melhor dia da minha semana, sem exageros. Toda sexta-feira à noite, depois do jantar de Sabático, nós assamos um cookie gigante em uma panela de ferro, um punhado de delícia de chocolate. Em seguida derrubamos um pote inteiro de sorvete em cima dele, deixamos derreter um pouco e comemos direto da panela — é um tipo de gesto simbólico tanto de nossa família quanto de nosso amor coletivo por açúcar. Enquanto satisfazemos nossa vontade, compartilhamos a melhor parte da nossa semana. Eu me sinto como um disco arranhado, porque quase sempre digo: *"O último Sabático!"* Porque é preciso acontecer algo espetacular durante a semana para ser melhor do que a alegria do Sabático da semana anterior.

O Sabático é o dia em que me sinto mais conectado com Deus. Mais conectado com minha esposa e minha família. Com minha própria alma. É o dia em que me sinto mais *acordado* e, ainda, mais em paz. O dia em que percebo alegria. O dia que dá o tom à minha semana inteira.

Na quarta ou quinta-feira, eu me pego falando baixinho *"Eu consigo",* porque *sei que o Sabático está chegando.*

No domingo ou na segunda-feira, me pego pensando *"Eu consigo porque estou vivendo do Sabático".*

Quando me lembro como era minha vida antes do Sabático, chego a estremecer. Nunca quero voltar ao Egito. Nunca quero me tornar escravo ou condutor de escravos novamente. Estou *livre.* E quero permanecer livre.

Quero que você experimente esse dia de amor sem pressa, com alegria e paz.

Você sabe que quer...

Se sua história é parecida com a minha, vai demorar um pouco para você ficar bom no Sabático. Afinal, *Shabbat* é um verbo. É algo que você faz. Uma prática, uma habilidade que você aperfeiçoa. Demorei anos tentando e cometendo erros. À medida que nossos filhos crescem, nossa prática continua a se adaptar e a se repetir.

O que quero dizer é que essa prática é *tão* estranha e alienígena para nossa cultura, mesmo a cultura da igreja, que pode demorar um pouco para que você se acostume. E está tudo bem.

Lembre-se, você não está com pressa.

Para começar, apenas reserve um dia. Limpe sua agenda. Desligue o celular. Faça uma oração para convidar o Espírito Santo para que seja seu pastor na presença dele. Depois? *Descanse* e *adore*. De qualquer forma que dê vida à sua alma.

Minha família e eu fazemos isso toda semana. Um pouco antes do pôr do sol na sexta-feira, terminamos nossas listas de afazeres e deveres de casa, de compras de mercado e responsabilidades, desligamos nossos dispositivos (literalmente colocamos todos eles em uma caixa e a colocamos no armário) e nos reunimos em volta da mesa como uma família. Abrimos uma garrafa de vinho, acendemos algumas velas, lemos um salmo, oramos. Depois aproveitamos o banquete e, basicamente, não paramos pelas próximas 24 horas. É o estilo dos Comer! Devo acrescentar, é o estilo de Jesus. Dormimos até tarde no sábado de manhã. Tomamos café. Lemos nossas Bíblias. Oramos mais. Passamos tempo juntos. Conversamos. Rimos.

No verão, vamos ao parque. No inverno, fazemos uma fogueira. Nós nos perdemos em bons livros no sofá. Ficamos juntos. Cochilamos. (Os judeus até têm um nome para a soneca do Sabático — o *Shabbat shluf!* Nós "shluf" muito no Sabático.) Fazemos amor.

Honestamente, passo bastante parte do tempo apenas sentado próximo à janela, sendo. É como um Natal menos estressante toda semana.

E algo acontece mais ou menos na metade do dia, algo muito difícil de explicar por meio de palavras. É como se minha alma alcançasse meu corpo. Como alguma parte profunda de mim que foi surrada e abafada por reuniões, e-mails, Twitter, conflito relacional e as dificuldades da vida voltasse à superfície do meu coração

Eu me sinto livre.

Livre da necessidade de fazer mais, ter mais, *ser* mais. Livre do espírito — o espírito mau, demoníaco — da inquietação que escraviza nossa sociedade. Sinto outro espírito, o *Espírito Santo*, de descanso e calma, se instalar por inteiro em meu ser. E descubro que minha vida comum é suficiente.

Na noite de sábado, quando ligo meu celular novamente e adentro o mundo moderno outra vez, eu o faço *lentamente*. E, uau, como isso sempre faz eu me sentir bem.

Simplicidade

Vamos começar por algumas coisas que Jesus disse que, se formos honestos, a maioria de nós discorda ou pelo menos não gosta muito.

> Cuidado! Fiquem de sobreaviso contra todo tipo de ganância; a vida de um homem não consiste na quantidade dos seus bens.[1]

Ou que tal este?

> Vendam o que têm e deem esmolas.[2]

Espere, e economizar para a aposentadoria? Você não está sabendo da crise da seguridade social? Do sistema de saúde? Isso me parece irresponsável.

> Não se preocupem com suas próprias vidas, quanto ao que comer ou beber; nem com seus próprios corpos, quanto ao que vestir. Não é a vida mais importante do que a comida, e o corpo mais importante do que a roupa? (...) Busquem, pois, em primeiro lugar o Reino de Deus.[3]

O.k., eu me perdi; isso é *exatamente* com o que me preocupo. Dinheiro para pagar as contas. Você tem alguma ideia de quanto custa o aluguel em minha cidade? Sem falar meus empréstimos estudantis. Você está esperando que eu fique sentado orando o dia inteiro?

> Mas quando chegam as preocupações desta vida, o engano das riquezas e os anseios por outras coisas, sufocam a palavra, tornando-a infrutífera.[4]

Você está dizendo que a riqueza é naturalmente "enganosa"? A personificação de um vigarista? Que isso tem um efeito sufocante e envenena meu coração, asfixiando a vida do reino?

> E lhes digo ainda: é mais fácil passar um camelo por uma agulha do que um rico entrar no reino de Deus.[5]

Você está dizendo que a riqueza faz com que seja *mais difícil* experimentar a vida do reino de Deus? Não mais fácil? Isso não faz sentido. Quanto mais dinheiro eu tenho, melhor minha vida parece.

Confuso?

Se essas palavras de Jesus parecem loucura para você, bem, você não está só. Elas parecem loucura para a maior parte de nós no ocidente. Quando tentei adotar Jesus como meu professor de verdade pela primeira vez (e não apenas como salvador), o que mais me chocou foi sua visão do papel que a riqueza tem na boa vida. Honestamente, levei anos até mesmo para concordar com ele.

Se você não está na mesma página que Jesus com relação ao dinheiro, pode ser que, como muitos cristãos no ocidente (incluindo eu mesmo, até muito recentemente e com relapsos frequentes), você não acredite de verdade no Evangelho do reino — a boa notícia é que a vida que você sempre desejou está completamente disponível para você, aonde quer que esteja, por meio de Jesus. Por meio Dele, você tem acesso à presença amorosa do Pai. Nada — seu nível de renda, fase na vida, saúde, estado civil — *nada* está entre você e a "verdadeira vida".[6]

Pode ser que você acredite em *outro* evangelho. Outra visão do que seja uma boa vida e de como obtê-la.

Vamos chamá-lo de "o evangelho dos Estados Unidos".

(Para vocês que não estão nos Estados Unidos, peço desculpas; apenas continuem acompanhando meu raciocínio.)

Esse evangelho diz exatamente o oposto. De forma resumida: quanto mais você tem, mais feliz você será.

Compre aquele vestido novo, o par de sapatos, o taco de golfe, o cacto geométrico e, naturalmente, você será mais feliz.

Troque seu carro pelo modelo novo; ele tem luzes LED em volta do logotipo da marca.

Vá atrás da casa, ou do apartamento, maior e melhor e garanta que vai comprar mobílias de acordo com a última tendência em design, preferencialmente vindas da Suécia ou da Austrália.

Suba os degraus, dê cotoveladas se for necessário, mas consiga aquela promoção, aquele aumento, aquele bônus.

Se e quando conseguir, você será mais feliz. Dã. Todos sabem disso. A felicidade está lá fora; está a um clique de PayPal, está na roupa, na bugiganga, na parcela do carro ou no financiamento imobiliário. Fora de seu alcance, sim. Mas por pouco. Estou *quase* lá. Posso sentir.

Mas deixe-me dizer o que todos vocês já sabem: a cenoura balançando em nossa frente está presa a uma vareta.

O sociólogo francês Jean Baudrillard defendeu que, no mundo ocidental, o materialismo se tonou o novo e dominante sistema de significados.[7] Ele debate que não foi o ateísmo que substituiu o cristianismo cultural, mas as compras.

Atualmente, procuramos o significado da vida naquilo que consumimos.

Procuramos até mesmo nossa identidade nas coisas que compramos (ou vendemos). A maior parte de nós nunca admitiria isso, mas acreditamos no ditado "Sou o que compro". Ou de forma mais realista: "Sou o que visto". Ou a marca do meu smartphone. Ou o carro que dirijo, na vizinhança em que vivo ou na bugiganga que ostentamos.

Para muitas pessoas, as coisas não são apenas *coisas*; são identidades.

Fazer compras, nos dias de hoje, é a atividade de lazer número 1 nos Estados Unidos, roubando o lugar que antes era ocupado pela religião. A Amazon.com é o novo templo. O extrato do cartão Visa é o novo altar. Clicar duas vezes é a nova liturgia. Pessoas que escrevem blogs de estilo de vida são os sacerdotes e sacerdotisas. Dinheiro é o novo deus.

Existe um motivo pelo qual o único outro deus que Jesus chamou pelo nome foi Mamon — o deus do dinheiro.[8] Porque é um deus ruim e uma péssima religião.

A ascensão de uma mentira

Não foi sempre dessa forma, mesmo nos Estados Unidos. Sim, nossa nação é um experimento social construído em torno da busca pela felicidade. Mas, até recentemente, ainda não tínhamos redefinido a felicidade como ganhar um monte de dinheiro e ter um monte de coisas.

Há apenas um século (um pontinho na linha do tempo da história), 90% dos norte-americanos eram fazendeiros. A vida era difícil, sim, mas era mais simples também. Vivíamos principalmente da terra e trocávamos tudo o que precisávamos com nossos vizinhos. O dinheiro quase não era usado. E a maioria das coisas que possuíamos estavam na categoria de necessidades, e não de desejos.

Atualmente, apenas 2% dos norte-americanos trabalham na agricultura. O século passado remodelou completamente a economia de nosso país. Isso teve início com a urbanização e sua gêmea, a industrialização. As pessoas se mudaram em bando para as cidades por causa dos empregos, pois era onde os bens eram produzidos em massa. As duas guerras mundiais, por sua vez, criaram o que o presidente Eisenhower chamou mais tarde de "complexo industrial-militar" e, quando o tumulto da guerra se acalmou, os formadores de opinião da época precisaram encontrar uma maneira de manter todas as fábricas abertas e as pessoas empregadas. Fábricas de tanques foram reaproveitadas para a fabricação de camisetas.

Simplicidade   169

Não sou muito adepto de teorias da conspiração, mas é um segredo conhecido que, após a guerra, os magnatas das grandes empresas, os políticos de oposição de Washington, DC, e os "mad men" (homens que trabalhavam com publicidade na Madison Avenue) da cidade de Nova York conspiraram para recriar a economia norte-americana. Qual era o plano deles? Criar uma economia inteira (e, com isso, uma cultura) com base no consumismo. Fazer os filhos de milhares de modestos fazendeiros gastarem seu tempo e dinheiro comprando a coisa mais nova, recém-saída da linha de montagem. Foi a "coisificação" da sociedade norte-americana.

Um banqueiro da Wall Street disse:

> Precisamos mudar os Estados Unidos de uma cultura de necessidades para uma cultura de desejos (...) As pessoas devem ser treinadas para desejar, querer coisas novas, mesmo antes de as velhas terem sido completamente consumidas. Precisamos modelar uma mentalidade nova. Os desejos do homem devem ofuscar suas necessidades.[9]

Soa como o gênio do mal de um filme de ficção científica de Orwell? Nada disso. Essa foi a fala de Paul Mazur, do Lehman Brothers.

E. S. Cowdrick, um pioneiro das "relações industriais", chamou isso de "o novo evangelho econômico do consumo". Perceba a escolha de palavras: "evangelho".

De maneira trágica, o plano do mal deles funcionou. Perfeitamente.

Em 1927, um jornalista fez esta observação a respeito dos Estados Unidos:

Aconteceu uma mudança em nossa democracia. Ela é chamada de consumismo. A principal importância de um cidadão norte-americano para seu país não é mais como cidadão, mas, sim, como consumidor.[10]

Vamos adiantar para os dias atuais: nossa economia de "consumidor" é construída em torno de pessoas gastando um dinheiro que elas não têm em coisas que elas não precisam. E todos já ouvimos como nossa casa ou nosso apartamento tem o dobro do tamanho que as casas tinham na década de 1950, enquanto nossas famílias têm metade do número de pessoas.[11]

Uma de minhas memórias mais vívidas é o 11 de setembro. Ainda me lembro de estar ouvindo as notícias naquela manhã. No fuso horário da costa oeste era muito cedo, e passei a maior parte do dia em choque.

Mas também me lembro do discurso do presidente Bush à nação algumas semanas depois. Você se lembra do que o líder do mundo livre nos encorajou a fazer para colocar nossa nação de volta aos trilhos?

Ir às compras.

É uma interpretação um pouco cínica, mas, em um momento do discurso, ele nos alertou contra os terroristas "assustando tanto nossa nação a ponto que (...) as pessoas não vão às compras".[12]

Deus nos livre que uma tragédia como a do 11 de setembro nos impeça de ir ao shopping comprar um novo par de tênis Nike.

Mesmo para o adolescente que eu era, isso soou bizarro.

Mas a parte louca é que isso foi exatamente o que fizemos. Na verdade, compramos tantas coisas e fizemos tantos empréstimos para comprar essas coisas que nossa economia inteira quebrou alguns anos depois. (Sim, estou simplificando bastante, mas não tanto assim.) Não digo isso para desonrar um presidente por erro de comunicação, mas para situá-lo em uma tendência cultural maior.

É fácil esquecer que grande parte da publicidade é um tipo de propaganda que não atinge nosso córtex pré-frontal, mas uma região mais profunda e menos lógica de nosso cérebro, porque crescemos em um ambiente cultural em que isso é considerado normal e somos educados a acreditar que somos seres racionais e autônomos. A publicidade do período antes da Segunda Guerra Mundial não tinha nada a ver com a dos dias de hoje. Antigamente, o trabalho da publicidade era dizer que um produto era melhor do que o outro. Suas mensagens eram sobre qualidade, longevidade e necessidade.

Eis alguns exemplos de alguns séculos atrás:

> Simplicidade. Durabilidade. Velocidade. Escrita Visível. Máquina de Escrever Franklin.

> Os Célebres Corpetes Coraline do Dr. Warner. São estruturados com Coraline, o único material usado para Corpetes que tem a garantia de não amassar ou quebrar.

> Está cansado? Então beba Coca-Cola. Alivia o cansaço.[13]

Perceba que não há absolutamente nada sobre como um produto vai deixá-lo feliz.

Mas a guerra mudou tudo.

A publicidade como conhecemos não teve início na Madison Avenue, mas em outra cidade: Berlim. Com outro grupo de formadores de opinião: os nazistas. Eles pegaram as ideias de um psicoterapeuta austríaco chamado Freud, naquela época desconhecido nos Estados Unidos, e as usaram para manipular as massas. Freud foi um dos primeiros pensadores modernos a ressaltar que os seres humanos não são nem de perto tão racionais e autônomos quanto gostamos de pensar. Nós constantemente tomamos decisões irracionais baseadas no que ele chamava de nossos "impulsos inconscientes" (similares ao que o Novo Testamento chama de "a carne"). Somos muito mais enganados emocionalmente e motivados pelo desejo do que gostamos de admitir.

Os nazistas pegaram as ideias de Freud (o que foi irônico, já que ele era judeu) e as usaram para estruturar sua máquina de propaganda. Eles não apelaram para a razão, mas para os "impulsos inconscientes" da Alemanha. Hitler era um mestre de atiçamento das duas emoções humanas mais básicas: eu quero e eu temo.

Após a guerra, na verdade foi o sobrinho de Freud, Edward Bernays, quem primeiro usou as ideias de seu tio nos Estados Unidos. Ele havia sido oficial da inteligência durante a guerra e se viu à procura de trabalho. Sua teoria era que, se os nazistas conseguiram manipular as pessoas durante a guerra, certamente empresários e políticos conseguiriam manipulá-las em tempos de paz. Ele chamou sua nova ideia de "relações públicas" e se tornou o "pai da publicidade norte-americana".[14]

Nunca ouviu falar dele? A maioria de nós nunca ouviu. Ele previu isto em seu livro *Propaganda*:

Simplicidade 173

A manipulação consciente e inteligente dos hábitos organizados e opiniões das massas é um elemento importante na sociedade democrática. Os que manipulam esse mecanismo não visto da sociedade constituem *um governo invisível que é o poder governante verdadeiro do nosso país.*

Somos governados, nossas mentes são moldadas, nossos gostos são formados, nossas ideias sugeridas, amplamente por homens de quem nunca ouvimos falar (...) Em quase todos os atos de nossas vidas diárias (...) s*omos dominados por um número relativamente menor de pessoas (...) que controlam os fios da mente pública.*[15]

Meu objetivo com essa pequena viagem na história é nos lembrar de que: publicidade é propaganda. Ela pode não estar tentando fazer você matar judeus, ciganos e pessoas LGBTQIA+, mas é uma indústria multibilionária intencionalmente projetada para mentir para você — para fazer você acreditar que, somente se comprar esse ou aquele produto, *aí* você será feliz. Ou pelo menos *mais feliz.*

Para fazer isso, ela precisa se esforçar para nos fazer pensar que nossos desejos são, na verdade, necessidades. Esses 4 mil comerciais que vemos por dia foram intencionalmente projetados para atiçar o fogo do desejo dento de nós.[16]

Antes de qualquer uma dessas coisas começar, Mark Twain perceptivelmente comentou: "A civilização não tem limites em sua multiplicação de necessidades desnecessárias".[17] Bem na mosca, como sempre. Ao mesmo tempo que a riqueza e a tecnologia ocidentais continuam crescendo, muitos psicólogos ressaltam que nossa felicidade não está aumentando no mesmo ritmo. De fato, alguns estudos indicam que, à medida que a riqueza de uma nação aumenta, a felicidade de seu povo cai. Ou pelo menos fica nivelada.

Algo na psique humana se adapta rapidamente à nova normalidade. As coisas que categorizamos como "necessidades" — carro, smartphone, multivitamínico diário, eletricidade, água encanada — sequer existiam até muito recentemente e, mesmo assim, as pessoas estavam muito felizes sem elas.

O jornalista Gregg Easterbrook, em seu livro *The Progress Paradox: How Life Gets Better While People Feel Worse* [*O Paradoxo do Progresso: Como a vida se torna melhor enquanto as pessoas se sentem pior,* em tradução livre], observou o seguinte:

> Ajustando para o crescimento da população, dez vezes mais pessoas nas nações ocidentais de hoje sofrem de depressão "unipolar", ou sentimentos ruins incessantes sem uma causa específica, do que meio século atrás. Americanos e europeus têm mais de tudo, exceto felicidade.[18]

Então o que fazer? Voltar a ter um buraco no quintal como vaso sanitário? Abrir mão da água encanada? Queimar nossos cartões de crédito? Não, isso não resolveria o problema. Porque o problema não são as coisas. O problema é que (1) não colocamos limites nas coisas por causa de nosso desejo humano insaciável por *mais*; e (2) pensamos que precisamos de todos os tipos de coisas para sermos felizes quando, na verdade, precisamos de pouquíssimas coisas.

Jesus e os escritores do Novo Testamento colocaram muitas de nossas necessidades materiais em duas coisas colossais: comida e vestimenta.

> Tendo o que comer e com que vestir-nos, estejamos com isso satisfeitos.[19]

Simplicidade   175

Jesus e seus amigos viviam no Mar Mediterrâneo e seus arredores, onde é quente e seco. Moro no noroeste Pacífico, onde é frio e molhado metade do ano; então, eu acrescentaria uma coisa nessa lista: abrigo.

No entanto, mesmo a ideia de viver com base nessa lista expandida — comida, vestimenta e abrigo — parece ser *loucura* para muitos de nós.

E se as únicas coisas materiais de que precisamos para viver vidas ricas e satisfatórias forem comida para comer, roupas para vestir e um lugar para morar? Se você duvida de sua habilidade de viver dessa maneira simples e prosperar, você não está sozinho.

A máquina de propaganda está funcionando muito bem. A maior parte de nós acredita na mentira: mais dinheiro e mais coisas trazem felicidade.

Como a maioria das mentiras perigosas, essa é uma meia-verdade. Ter mais dinheiro realmente faz você mais feliz — se você for *pobre*. Odeio a forma como alguns cristãos idealistas (que não são pobres) transformam a pobreza em glamour. É horrível. Tirar as pessoas da pobreza vai deixá-las mais felizes, mas só até certo ponto.

E nós sabemos exatamente qual é esse ponto: US$75 mil.

A verdade sobre as mentiras

Em um estudo pioneiro da Universidade Princeton, duas grandes mentes colaboraram em um projeto de pesquisa por todo o país. O dr. Daniel Kahneman, psicólogo que ganhou o prêmio Nobel, e o dr. Angus Deaton, economista muito respeitado, passaram meses debruçados sobre os dados de 450 mil pesquisas da *Gallup* e concluíram que seu bem-estar geral realmente aumenta com sua renda, mas só até certo ponto. Quando atinge esse ponto, ou você fica estável ou, pior, você cai.

Eis as palavras do próprio dr. Deaton:

> Não importa onde você viva, seu bem-estar emocional está tão bom quanto estará com US$75 mil a mais (...) e o dinheiro não vai melhorar seu bem-estar se ultrapassar esse ponto. É como se você atingisse algum tipo de teto e não conseguisse aumentar muito mais seu bem-estar emocional apenas por ter mais dinheiro.

Esse número é uma média nacional. Seria muito menor, digamos, para um universitário solteiro que mora em Sarasota Springs do que para uma família de cinco pessoas que mora em São Francisco. Jennifer Robison, em seu resumo da pesquisa dos drs. Kahneman e Deaton, diz que é "verdade que US$75 mil não é muito em cidades grandes (...) e faz sentido que um custo de vida mais alto fará somas de dinheiro ainda maiores parecerem insignificantes". Entretanto, o estudo ainda "indica que US$75 mil é o limite mesmo em cidades maiores e mais caras".[20]

No fim das contas, se você atingir o que a maioria dos ocidentais classificam como uma vida de classe média, dinheiro e coisas não entregam o que prometem — felicidade.

Conforme respondeu o magnata do petróleo John Rockefeller quando questionado sobre quanto dinheiro é "suficiente": "Só um pouco mais".

Para deixar claro, é mentira que mais dinheiro (e, com isso, coisas) deixará você mais feliz.

E o que é verdade? A pobreza é muito difícil, e uma vida de classe média é um presente de verdade; mas, depois disso, funciona a lei dos rendimentos decrescentes. Na verdade, mais dinheiro pode se transformar em "mais problemas". Mas, onde quer que você esteja no estrato socioeconômico, as coisas mais importantes na vida não são, de maneira nenhuma, coisas. São relacionamentos com a família, amigos e, acima de tudo, com Deus.

Você consegue enxergar quão invertido está o entendimento de nossa cultura a respeito do dinheiro e das coisas? Richard Foster chamou a perspectiva de nossa cultura de "psicótica", no sentido de ter perdido o contato com a realidade. Ele observou sabiamente: "No ocidente, somos cobaias de um grande experimento econômico sobre consumo".[21]

Em minha opinião, a espera acabou e já temos o veredito: o tempo *tem* mostrado o prejuízo catastrófico que o materialismo tem causado na alma da nossa sociedade. Essa mentira em que acreditamos tem causado estragos em nossa saúde emocional e em nossa vida espiritual. Um comentarista cultural a chamou de *"affluenza"*.[22] É como uma doença que promete nos deixar felizes por US$49,99, enquanto, de fato, é um homem nas sombras nos controlando e roubando nosso dinheiro e, com ele, nossa alegria.

Isso tudo me lembra uma frase do Salmo 39: "Em vão se agita, amontoando riqueza sem saber quem ficará com ela".[23]

Um motor para a pressa

Uma das muitas razões para os níveis de felicidade caírem no ocidente, mesmo que o índice Dow Jones esteja alto, é porque o materialismo acelerou nossa sociedade a um ritmo frenético e insustentável.

Como Alan Fadling disse de forma perspicaz:

A motivação de possuir é um motor para a pressa.[24]

Cada coisa que você compra custa não apenas dinheiro, mas também *tempo*.

Reflita: você compra aquela motocicleta com a qual sempre sonhou; isso é ótimo. Eu costumava andar de motocicleta. Sinto falta disso. Divirta-se; não morra. Mas certifique-se de fazer todos os cálculos antes de assinar o contrato. *Todos* os cálculos. Ter uma moto custa muito mais do que as parcelas mensais de US$250 que, na verdade, você não consegue pagar. Custa tempo — você tem que trabalhar mais horas para pagá-la. Tem que fazer tudo *mais rápido* durante o dia para conseguir dar conta de tudo. Tem que limpar sua moto. E mantê-la em bom estado. Quando ela quebra, você tem que consertá-la. E, claro, tem que andar nela. Tudo isso leva muito tempo. Você pode estar em uma fase em sua vida em que tem tempo de sobra e pode decidir que andar de motocicleta é uma atividade que revigora a alma. Ótimo. Não sou contra isso de forma nenhuma. Consigo me lembrar vagamente de uma fase parecida em minha vida, antes de ter meus filhos. Mas, quando fizer sua análise de custo-benefício, não se esqueça de calcular: você estará pagando por essa experiência não apenas em dinheiro, mas também em tempo.

E menos tempo significa mais *pressa*.

Independentemente de você gostar de motocicletas, tênis ou animes japoneses, a maior parte de nós simplesmente tem coisa demais para aproveitar a vida em ritmo saudável e sem pressa.

Você se lembra daquelas previsões da era Nixon? De que, na época que estamos vivendo, todos estaríamos trabalhando três ou quatro horas todas as manhãs e jogando golfe à tarde, enquanto os robôs ganhavam dinheiro por nós? O que aconteceu com essas previsões? Bem, parte da história é que escolhemos o dinheiro e as coisas em vez de tempo e liberdade. Optamos por uma nova televisão com resolução 4K para a noite de cinema e pipoca em vez de "uma vida de serenidade sem pressa, com paz e poder".[25] Em vez de gastar dinheiro para ter tempo, optamos pelo contrário: gastamos tempo para ter dinheiro.

Então.

Tenho uma ideia maluca.

Está pronto?

E se Jesus estivesse *certo*?

Quero dizer, e se ele soubesse do que estava falando?

Nós acabamos esquecendo, Jesus foi o professor mais inteligente que já viveu. Seus ensinamentos não são certos somente em um senso moral arbitrário — eles são *bons*. Isso que é moralidade — a forma boa e verdadeira de se viver.

É um erro crasso pensar nos ensinamentos de Jesus como algum tipo de lei arbitrária, condicionada socialmente como o limite de velocidade — quem disse que tem que ser 70km/h? Por que não 90km/h? E se eu tiver um Tesla novinho?

Na verdade, os ensinamentos morais de Jesus não são, de forma nenhuma, arbitrários. São leis, sim. Mas leis morais não são diferentes de leis científicas, como $E = mc^2$ ou a lei da gravidade.[26]

São afirmações sobre como o mundo realmente funciona. E se você ignorá-las, não só estará rompendo seu relacionamento com Deus, mas também estará indo contra a correnteza do universo que Ele criou. E tem cãibras.

Vários dos ensinamentos de Jesus — especialmente sobre dinheiro e coisas — eram apenas histórias sobre a forma que o mundo *é* de verdade.

Há maior felicidade em dar do que em receber.[27]

Perceba que essa não é uma ordem, muito menos uma lei arbitrária. É uma observação contraintuitiva sobre a condição humana.

Vocês não podem servir a Deus e ao dinheiro.[28]

Perceba, novamente, que não é uma ordem. Ele não disse: "Vocês *não devem* servir a Deus e ao dinheiro." Ele disse: "Vocês *não podem*".

A vida de um homem não consiste na quantidade dos seus bens.[29]

Novamente, ele não ordenou: "Não compre mais do que três pares de sapato". Ele apenas fez uma afirmação sobre a forma como a vida realmente funciona. As coisas mais importantes na vida não estão em seu armário, em sua garagem ou em seu portfólio online. Você simplesmente não encontra a "abundância" nesses lugares.

Você consegue enxergar o que ele estava fazendo? Estava ensinando o que é *verdadeiro*. Se acreditamos ou não nele, isso é outro problema. De qualquer forma, suas ideias sobre dinheiro e coisas correspondem à realidade. As nossas, à psicopatia.

Vou fazer uma confissão. Cresci lendo a Bíblia inteira todo ano e, mais ou menos em setembro, eu chegava aos ensinamentos de Jesus. Dizem que cerca de 25% dos ensinamentos de Jesus são sobre dinheiro e coisas. Basicamente nenhum deles é positivo. De onde quer que o "evangelho da prosperidade" tenha vindo, não veio de Jesus. Honestamente, enquanto eu lia seus ensinamentos sobre dinheiro, costumava me encolher. Eles soavam *horríveis*. Muito próximo ao jejum e ao celibato. É como se, caso eu tivesse que viver esses ensinamentos, eles sugariam a alegria da minha vida.

Como muitos de meus amigos norte-americanos, eu não acreditava no Evangelho do reino. Ainda não confiava (que é o que "acreditar" significa) que Jesus era um mestre, um observador astuto da condição humana, e que seus ensinamentos não estavam apenas certos, mas também representavam *a melhor forma de viver*.

Não acreditei até começar a me aventurar pelo minimalismo (falaremos mais sobre isso daqui a pouco), e este liberar, imediatamente, uma torrente de alegria e paz em minha vida; então comecei a levar a sério os ensinamentos de Jesus sobre dinheiro. Ainda consigo me lembrar da tarde em que isso me atingiu como um trem de carga: Jesus estava *certo*.

Poooooooxa...

Essa é, na verdade, uma forma melhor e mais livre de se viver.

Naquele momento, essa era uma ideia totalmente nova e chocante para mim, para ser sincero.

Então comecei a questionar todas as suposições de minha cultura. Aceitei o conselho de Tyler Durden: "Rejeite todas as suposições básicas da civilização, especialmente a importância das posses materiais". (Sim, é uma citação do filme *Clube da Luta*.)[30]

Comecei a me fazer perguntas que fariam a polícia secreta da publicidade desejar meu sumiço:

- E se a fórmula "mais coisas resultam em mais felicidade" for uma conta errada?

- E se mais coisas apenas resultarem em mais *estresse*? Mais horas no escritório, mais débitos, mais anos trabalhando em um emprego em que não sinto o chamado, mais tempo gasto limpando, mantendo, consertando, brincando, organizando, reorganizando e atualizando toda aquela porcaria de que eu nem preciso.

- E se mais coisas na verdade resultarem em *menos* daquilo que mais importa? Menos tempo. Menos liberdade financeira. Menos generosidade, o que, de acordo com Jesus, é onde está a alegria. Menos paz, enquanto me apresso pelo estacionamento do shopping. Menos foco no que a vida realmente proporciona. Menos espaço mental para a criatividade. Menos relacionamentos. Menos margem de tolerância. Menos oração. Menos daquilo que eu realmente desejo?

- E se eu rejeitasse a mensagem da minha cultura como uma meia-verdade na melhor das hipóteses, senão uma mentira completa, e vivesse com base em outra mensagem? Outro Evangelho?

Jesus e o olho do "mal"

Por toda a má publicidade que os pastores recebem por falar demais sobre dinheiro (muito dela bem merecida), Jesus na verdade tinha muito a dizer sobre o assunto.

Vamos olhar mais de perto em Mateus 6 e seu ensinamento mais profundo sobre o assunto, o chamado Sermão da Montanha. Curiosamente, é cerca de 25% do sermão.

Primeiro, Jesus disse:

> Não acumulem para vocês tesouros na terra, onde a traça e a ferrugem destroem, e onde os ladrões arrombam e furtam. Mas acumulem para vocês tesouros no céu, onde a traça e a ferrugem não destroem, e onde os ladrões não arrombam nem furtam. Pois onde estiver o seu tesouro, aí também estará o seu coração.[31]

Basicamente, não invista todo seu tempo e energia (e dinheiro) em coisas que envelhecem, enferrujam, ficam defasadas e podem ser roubadas de seu carro se você estacionar em uma rua escura. Em vez disso, viva sua vida com base em coisas que importam, como seu relacionamento com Deus e a vida em Seu reino. Porque você coloca seu coração onde investe seus recursos. É o volante do motor de seu desejo.

Ele continua:

> Os olhos são a candeia do corpo. Se os seus olhos forem bons, todo o seu corpo será cheio de luz. Mas se os seus olhos forem maus, todo o seu corpo será cheio de trevas. Portanto, se a luz que está dentro de você são trevas, que tremendas trevas são![32]

Você deve estar pensando: "*Espere, mas o que a oftalmologia tem a ver com o dinheiro?*". Essa é uma expressão do século I que se perdeu em nossos ouvidos modernos. Na época de Jesus, quando as pessoas diziam que você tinha um olho "bom", o significado disso tinha um duplo sentido. Significava que (1) você era concentrado e vivia a vida com um alto grau de intencionalidade, e (2) você era generoso com os pobres. Ou seja, quando olhava para o mundo, você enxergava os necessitados e fazia o melhor para ajudá-los. Um olho "mau" significava exatamente o oposto: quando olhava para o mundo, você se distraía com tudo o que brilhava e perdia a concentração no que realmente importava. Consequentemente, você fechava sua mão para os pobres.

Então Jesus finalizou:

> Ninguém pode servir a dois senhores; pois odiará um e amará o outro, ou se dedicará a um e desprezará o outro. Vocês não podem servir a Deus e ao dinheiro.[33]

Novamente, "não podem" em vez de "não devem".

Para Jesus, isso não era uma opção. Você não pode servir tanto a Deus quanto ao sistema.[34] Você simplesmente não pode viver a liberdade do caminho de Jesus *e* ser sugado pelo consumo excessivo, natural em nossa sociedade. Os dois são mutuamente excludentes. Você precisa escolher entre um e outro.

Se você está em cima do muro, como eu estive por anos, esta frase de Jesus pode ser um argumento decisivo, como foi para mim:

> Portanto eu lhes digo: não se preocupem com suas próprias vidas.[35]

Perceba como Jesus conectou o dinheiro e as coisas à *preocupação*.

Você enxerga isso?

A palavra "portanto" é crucial. Ela une três breves ensinamentos sobre dinheiro e coisas a um extenso ensinamento sobre preocupação (leia o final de Mateus 6 para ter a versão completa). A questão básica? Nós nos preocupamos com o que adoramos. Se você adora o dinheiro, ele vai comê-lo vivo.

Quem quer isso?

Basicamente ninguém.

Agora estamos prontos: simplicidade

Existe uma forma de descer desse carrossel da Geena? Uma prática da vida e dos ensinamentos de Jesus para se libertar dos hábitos do materialismo ocidental que esvaziam a alma e viver a realidade, da forma como a vida realmente funciona?

Essa é uma pergunta importante. Claro que sim. Essa prática se chama simplicidade, mas também é conhecida por outros nomes:

Viver com simplicidade — o que é mais claro, o que é bom.

Frugalidade — é como os monges chamavam, mas essa palavra perdeu todas as conotações positivas, então eu evito usá-la.

Minimalismo — é como diversos autores de blog e escritores têm chamado, mais recentemente, uma versão secularizada da prática antiga, atualizada para o mundo ocidental rico. Eu gosto dela.

Para este capítulo, usarei as palavras simplicidade e minimalismo sem distinção entre uma e outra.

Para começar, o que isso *significa* exatamente?

Bem, vamos começar com o que *não significa*.

Em primeiro lugar, não é um estilo de arquitetura ou de design.

Muitas pessoas ouvem a palavra "minimalismo" e pensam em uma casa moderna com um design angular, móveis de alta qualidade, uma paleta nas cores preto e branco, uma arrumação de revista e, obviamente, nada de crianças.

Se você tem TOC e mania de limpeza e é um entusiasta de arquitetura perfeccionista como eu, com um gosto peculiar voltado para algo que seja uma mistura de monastério e Museu de Arte Moderna, ficará empolgado com isso.

A maioria não se empolga.

No entanto, uma boa notícia: você não precisa gostar de design moderno para ser minimalista. Você pode gostar do estilo renascentista espanhol da Califórnia, do estilo chique *Kinfolk* ligado à natureza, ou do fliperama dos anos 1980, ao estilo Boba Fett. Qualquer que seja seu estilo, isso é ótimo.

Em segundo lugar, não é sobre pobreza. Não é ter uma casa vazia, um armário vazio, uma vida sem alegria, sem liberdade para aproveitar coisas materiais. O objetivo é exatamente o oposto — ter *mais* liberdade.

Novamente: muitas pessoas ouvem falar em *minimalismo* e pensam em Steve Jobs — uma sala vazia, com apenas uma poltrona e um abajur.

(Pelo menos era uma poltrona Eames Lounge em nogueira. O homem tinha *bom gosto*.)

Simplicidade 187

O minimalismo não é sobre viver com *nada*; é sobre viver com *menos*.

Em terceiro lugar, o minimalismo não é sobre organizar suas coisas. Limpar a garagem toda primavera. Limpar o armário nove vezes. Ir à loja de departamentos para comprar 20 organizadores de plástico e uma etiquetadora.[36]

Deus abençoe a Marie Kondo, seu trabalho é ótimo, mas eu diria que "organizar" é a antítese do minimalismo. Se você tem coisas demais a ponto de precisar organizá-las, encaixotá-las, etiquetá-las e empilhá-las para ter mais espaço, então é provável que você apenas tenha coisas demais!

(A não ser que viva em um apartamento minúsculo em São Francisco ou em Nova York; nesse caso, você tem permissão.)

E se você tivesse apenas aquilo de que precisasse, sem nada para organizar? Essa é uma ideia que merece reflexão.

Bem, então o que é o minimalismo? Ou simplicidade, ou o nome que você preferir? Aqui temos algumas definições que acredito serem úteis.

Joshua Becker, um seguidor de Jesus que era pastor e atualmente escritor em tempo integral sobre o minimalismo o definiu assim:

> A promoção intencional das coisas que mais valorizamos e a remoção de tudo o que nos distrai delas.[37]

Outra boa definição é de Richard Foster e Mark Scandrette:

> "Simplicidade é uma realidade do lado interior que pode ser vista em um estilo de vida do lado exterior"[38] de "escolher potencializar tempo, dinheiro, talentos e posse para o que mais importa".[39]

Perceba que o minimalismo não se trata apenas de dinheiro e coisas; é sobre toda sua vida. Como Thoreau disse alegremente após se isolar no mato por muitos anos para realizar um experimento sobre viver com simplicidade:

> Simplicidade, simplicidade, simplicidade! Eu digo: deixe seus problemas serem dois ou três, não cem ou mil (...) Por que deveríamos viver a vida com tanta pressa e deixar a vida passar?[40]

Você percebe como ele liga os pontos entre a simplicidade e a pressa? É perceptível.

Para viver dessa forma, precisamos podar *todos* os nossos recursos, tempo e dinheiro. Como São Francisco de Sales, bispo de Genebra, disse certa vez: "Em tudo, ame a simplicidade".[41] Adoro isso — em *tudo*.

O objetivo não é apenas tirar as coisas desnecessárias do armário ou da garagem, mas tirar as coisas desnecessárias de sua *vida*. Remover a quantidade absurda de distrações que aumentam nossa ansiedade, que nos alimentam com um número sem-fim de bobagens, entorpecendo nossa mente e nos anestesiando para o que realmente importa.

Eis algumas breves definições sobre coisas desnecessárias:

> Qualquer coisa que não acrescente valor à minha vida.[42]
>
> Qualquer coisa que não "traga alegria".[43]
>
> Muita coisa em um espaço muito pequeno (...) quaisquer coisas que não usamos ou amamos e (...) qualquer coisa que dá sensação de desorganização.[44]

O objetivo é viver com um alto grau de intencionalidade em torno daquilo que mais importa, o que, para aqueles de nós que são aprendizes de Jesus, é Jesus e seu reino.

Se você for um pouco cínico, deve estar pensando *"Mas isso não é somente para os ricos?"*

Bem, sim.

As pessoas pobres não chamam isso de vida simples; elas chamam apenas de *vida*. Elas não leem livros sobre minimalismo; elas oram por justiça.

Mas, se você está lendo este livro, a probabilidade de você não ser pobre é muito alta. Novamente e sem querer culpar ninguém, para colocar as coisas em perspectiva: se você ganha US$25 mil por ano ou mais, se encaixa nos 10% do topo da riqueza do mundo. Se ganha US$34 mil por ano ou mais, encaixa-se no *1%* do topo.[45]

Leia a ordem de Paulo aos ricos em Éfeso:

> Ordene aos que são ricos no presente mundo que não sejam arrogantes, nem ponham sua esperança na incerteza da riqueza (...)
>
> Ordene-lhes que pratiquem o bem, sejam ricos em boas obras, generosos e prontos para repartir.
>
> Dessa forma, eles acumularão um tesouro para si mesmos, um firme fundamento para a era que há de vir, e assim alcançarão a verdadeira vida.[46]

Esse foi Paulo se aproveitando do ensinamento de Jesus em Mateus 6. Percebeu a citação ali? Ele estava dizendo a mesma coisa que Jesus disse: simplicidade é, na verdade, uma maneira de conseguirmos alcançar "a verdadeira vida".

Li esse versículo diversas vezes e pensava que ele falava de *outra pessoa*. Conheço algumas pessoas ricas; e imaginava que esse versículo falava delas. Não de mim. Fui criado na classe média. Tínhamos uma casa, o que era um presente, mas passávamos as férias acampando ou na casa de meus avós. Nunca tive roupas de marcas famosas. Lembro-me de ser piada na escola porque meus sapatos eram feios. Raramente saíamos para comer fora de casa. Então nunca achei que minha família fosse rica.

Também fui criado completamente desconectado não só da pobreza mundial, mas da forma como muitas pessoas, especialmente as pessoas que não são brancas, estavam vivendo em meu próprio país.

No entanto, mesmo que nós *não fôssemos* ricos (o que, no fim das contas, eu sou), não me livrei; a maior parte dos ensinamento de Jesus sobre dinheiro não eram para pessoas ricas. Na verdade, a maior parte de seus espectadores provavelmente era pobre.

Pense em Jesus. Simplicidade é uma prática inteiramente baseada na vida dele. Hora de quebrar um mito: Jesus não era tão pobre quanto as pessoas dizem. Antes de se tornar rabino, ele era mercador e provavelmente ganhava dinheiro suficiente para viver. Como ele começou a ensinar em tempo integral, recebia auxílio de doadores ricos (em sua maioria mulheres da classe superior), que pagavam sua comida e seus gastos com viagens. Ele, inclusive, precisou que um de seus discípulos gerenciasse o orçamento (claro que isso não deu muito certo, mas...). Era amigo tanto dos ricos quanto dos pobres, mas existem muitas histórias em que ele está comendo e bebendo na casa de seus amigos ricos; tantas que os autores dos Evangelhos admitem que ele foi acusado de ser "comilão e beberrão".[48] Até na crucificação os soldados romanos sortearam as roupas deles, o que significa que valiam alguma coisa. João, inclusive, escreveu: "Esta, porém, era sem costura, tecida numa única peça, de alto a baixo".[49]

Na vida e nos ensinamentos de Jesus, encontramos a mesma tensão que percorre toda a biblioteca das Escrituras: de um lado, o mundo; tudo nele é "muito bom" e deve ser aproveitado e divido com aqueles que são necessitados. De outro, muita riqueza, o que é perigoso. Tem o potencial de afastar nossos corações de Deus. Quando isso acontece, nossos corações gananciosos e fora do eixo causam estragos em nossas vidas, sabotando a felicidade, mas também causam estragos nas vidas dos outros, aumentando a diferença entre ricos e pobres e causando danos à própria terra.

Vemos Jesus vivendo feliz em meio a essa tensão. Aproveitando uma boa refeição na casa de um amigo e, logo depois, alertando sobre o que o dinheiro pode fazer com seu coração.

Para ser justo, em meio a essa tensão, o posicionamento de Jesus é claro: ele fica do lado do minimalismo em vez do materialismo. Sem dúvidas. Como Richard Foster observou: "uma despreocupação descontraída sobre posses" é o que "marca a vida no reino".[50] E Jesus demonstrava essa "despreocupação descontraída" incrivelmente bem.

Seguir Jesus, especialmente no mundo ocidental, é viver essa mesma tensão entre um aproveitamento grato e feliz das coisas belas e a simplicidade. E, quando em dúvida, pender para o lado da generosidade e da vida simples.

A prática

Está pronto para começar?

Uma de minhas partes preferidas de Jesus como professor é a forma como ele geralmente terminava seus ensinamentos, com pequenas práticas criativas para colocar suas ideias impressionantes sobre o reino de Deus em prática.[51] Vamos fazer o mesmo.

Em primeiro lugar, vamos analisar alguns princípios, depois seguimos para a prática. Uma observação: são princípios, não regras. Eis os 12 melhores, em minha opinião.

1. Antes de comprar algo, pergunte a si mesmo: "Quanto esse item custa de verdade?"

Voltemos ao exemplo da motocicleta: pense em quanto vai custar limpar, consertar, manter, fazer o seguro, financiar etc., esse item. É mais do que o preço da etiqueta. Você realmente pode bancar? Quanto tempo vai me custar ter isso? Com que frequência vou usá-la? Vai acrescentar valor à minha vida e me ajudar a aproveitar Deus e seu mundo ainda mais? Ou vai apenas me distrair do que realmente importa?

Finalmente, pense na *pressa*. Como que isso vai alterar meu ritmo de vida? Vai acelerá-lo ou desacelerá-lo?

2. Antes de comprar, pergunte a si mesmo: "Ao comprar isso, estou oprimindo os pobres ou prejudicando o planeta?"

Todos sabemos que o nível de consumo dos norte-americano tem causado muitos danos à Terra. Cientistas debatem que precisaríamos de cinco planetas Terra para que todos vivessem com a mesma pegada ecológica que o norte-americano médio.[52] Pense em algo

Simplicidade 193

tão comum quanto o poliéster, que está em (incríveis) 50% de nossas roupas e não é biodegradável. Aquela roupa esportiva bonitinha? Vai existir *para sempre*, em forma de entulho. PARA SEMPRE.

Alguns de nós se importam profundamente com questões ambientais; outros nem tanto. Tudo bem. Mas a Terra não é a única vítima de nosso consumo exagerado.

Há alguns anos, fiquei chocado e extremamente incomodado quando descobri sobre o ponto fraco obscuro da globalização. Eu não fazia ideia de que grande parte dos objetos em minha casa e minha vida tinham sido fabricados por meio de injustiça, basicamente de tráfico humano e trabalho infantil.

Pegue como exemplo a indústria têxtil, que mudou radicalmente desde a era dos *mad men*. Na década de 1960, 95% de nossas roupas eram produzidas nos Estados Unidos, e os norte-americanos gastavam em média 10% de seu orçamento anual em roupas e tinham poucos itens.

Atualmente, somente 2% de nossas roupas são produzidos nos EUA, e gastamos apenas em torno de 4% de nossos orçamentos anuais nelas — uma queda de 500%. Como nossa roupa ficou tão barata? Bem, empresas multinacionais começaram a produzir roupas em lugares como Vietnã e Bangladesh, onde existe muita corrupção no governo e os responsáveis fazem pouco ou quase nada para impedir que os trabalhadores se tornem vítimas. Coisas como salário mínimo, plano de saúde e sindicatos não existem nesses países. Os trabalhadores provavelmente trabalham entre 6 e 7 dias por semana em uma fábrica, em um ambiente sufocante, geralmente em condições precárias com pouca ou nenhuma proteção.[53]

Estamos falando de *muitas* pessoas. Uma em cada seis pessoas no mundo trabalha na indústria têxtil. Isso é só um pouco menos de 1,5 bilhão de pessoas. Para aqueles que defendem o feminismo, aproximadamente 80% desses trabalhadores são mulheres. *Menos de 2% delas ganham um salário mínimo.*

Não é de se admirar que chamamos um item barato de "uma barganha". É exatamente disso que se trata. Uma trapaça. E não somos como o Robin Hood, roubando do CEO super rico que amamos transformar em vilão; provavelmente estamos roubando de uma mãe solteira de Myanmar que está apenas tentando cuidar da família dela.

É muito fácil postar algo no Instagram sobre como existem 28 milhões de escravos no mundo atualmente e que precisamos #acabarcomisso. Isso é ótimo; eu apoio, de verdade. Mas muitas das roupas que vestimos para tirar uma *selfie* (usando um dispositivo produzido na China rural) estão *causando* isso, não acabando com isso.

Por mais que eu queira acreditar que a escravidão é coisa do passado, o que a maior parte dos escravos afro-americanos estavam fazendo? Cultivando algodão. Para fabricar roupas.

3. Nunca compre por impulso.

É incrível quanto dinheiro gastamos no calor do momento apenas porque vimos um par de sapatos que "precisamos ter".

Mesmo que já tenhamos dez pares de sapato.

Mesmo que nem tenhamos uma roupa para usar com eles.

Mesmo que eles tenham sido fabricados por meio de injustiça, com poliéster que viverá PARA SEMPRE na forma de um entulho.

Entre outras coisas.

Também é incrível como o desejo passa rápido quando exerço o autocontrole e *não* compro um item.

Como regra geral, quando você vir algo que queira muito, reflita por um momento. Quanto maior o tamanho, mais você deve esperar. Pense bastante. Dê à mente racional um tempo para que ela alcance a carne irracional. Ore sobre sua decisão. Lembre-se, Deus não é contra as coisas. Ele fez o mundo para que você o aproveite, e isso é lindo. Mas, se uma compra não tiver Sua bênção, você realmente deseja tê-la em sua vida?

Você ficará chocado com a sensação de não comprar algo.

4. Quando comprar, escolha menos coisas e melhores.

Geralmente, em uma tentativa de economizar, acabamos comprando diversos itens produzidos de forma barata (e geralmente por meio de injustiça), em vez de ficar sem eles por um tempo para comprar um item de qualidade que dure mais. "Compre uma vez só" é um bom lema. De qualquer forma, no fim, você economizará. Se Jesus estiver certo e nosso dinheiro for, na verdade, o dinheiro de Deus, e nós estivermos apenas gerenciando-o, então esse é um bom caminho.

Mesmo assim, antes de sair e comprar algo de boa qualidade, sempre se pergunte: *"Eu realmente preciso disso?"*

O designer inglês William Morris ofereceu uma boa regra, uma regra de ouro: "Não tenha algo em sua casa cuja utilidade você não conheça ou que não ache belo".[54]

Lembre-se de que o mundo está sempre perguntando: *"Como eu consigo mais?"*. O aprendiz de Jesus, no entanto, se pergunta frequentemente: *"Como posso viver com menos?"*

5. Compartilhe quando puder.

A economia do compartilhamento tem seu lado negativo, mas é ótima para uma vida simples. Aplicativos como o *Lyft* e serviços de compartilhamento de carros como o *car2go* tornam fácil andar pela cidade sem ter um carro. Sites de aluguéis de férias como o VRBO tornam fácil aproveitar a praia sem ter uma casa de veraneio. Sem mencionar uma vida em comunidade. Compartilho todo tipo de coisas com minha comunidade. Por que comprar uma lavadora de alta pressão? Matt tem uma.

Como um antigo padre da igreja disse: "Tudo o que temos é em comum, exceto nossas esposas".[55]

Bom demais.

6. Desenvolva o hábito de doar coisas.

Lembre-se de Jesus falando sobre a realidade: "Há maior felicidade em dar do que em receber". É uma boa sensação colocar uma camiseta nova, com certeza; mas é incrivelmente revigorante ajudar uma criança a sair da pobreza ou ajudar um amigo em uma situação difícil.

Quer uma vida mais abençoada? Doe. Generosamente. Com frequência.

Quando me envolvi com o minimalismo pela primeira vez, minha parte preferida era doar as coisas de que eu não precisava para pessoas que as usariam de verdade.

Desde então, nossa família criou uma pequena "benção divertida" em nosso orçamento mensal. Não é muito, mas é o suficiente para cuidar de pessoas necessitadas e nos divertir um bocado brincando de amigo oculto.

Comprar menos coisas significa ter mais dinheiro para compartilhar, o que, por sua vez, significa ter uma vida mais abençoada.

7. Viva com base em um orçamento.

Chega a ser bizarro colocar isso na lista, mas fico chocado com o número de pessoas que não têm um orçamento.

Um orçamento é muito mais do que evitar ter dívidas, por mais importante que isso seja. Um orçamento é para seu dinheiro o que uma programação é para seu tempo. É uma forma de se certificar de que seu "tesouro" está indo para o lugar certo e não está sendo desperdiçado.

Existe todo o tipo de ótimos recursos para fazer um orçamento no estilo de Jesus, mas o principal é fazê-lo de verdade.[56] Então, se sentir vontade, mostre seu orçamento à sua comunidade ou a um amigo próximo. Todos os anos, Matt (conhecido pela lavadora de alta pressão) e eu refazemos nossos orçamentos juntos. Ele tem o meu; eu tenho o dele. Podemos falar dos hábitos de gastos um do outro quando quisermos. Instituímos uma regra de que precisamos de aprovação para qualquer compra acima de US$1 mil.

Ironicamente, desde que implementamos essa regra, não precisei usá-la.

8. Aprenda a aproveitar as coisas sem possuí-las.

Uma peculiaridade de nossa geração é que achamos que precisamos possuir alguma coisa para poder aproveitá-la. Não precisamos. Eu aproveito muito o parque na rua de minha casa. Assim como nossa biblioteca local e os livros que pego emprestado. E o Heart Coffee, na 12th Avenue, onde pago uma entrada de US$2 para admirar um design maravilhoso no centro da cidade, valor que também dá direito a uma xícara excelente de café Guatemala Rosma. Não possuo nenhuma dessas coisas. Mas as aproveito. E você também pode fazer isso.

9. Cultive uma apreciação profunda pela Criação.

Falando em aproveitar as coisas que são gratuitas, você esteve do lado de fora de sua casa recentemente? Na última vez em que chequei, o oxigênio ainda era gratuito e um parque ficava a distância de um curto passeio de carro. A Criação — especialmente lugares intocados pela civilização — tem o potencial de nos fazer perceber nosso Criador de uma forma que poucas coisas têm. Ela invoca a gratidão e aquele unicórnio secular, a admiração. Se o materialismo nos desespiritualiza, o mundo material por si só tem o efeito contrário; ele espiritualiza nossa alma.

10. Cultive uma apreciação profunda pelos prazeres simples.

À medida que envelheço, aprecio mais ainda as coisas simples — uma xícara de café ou de chá pela manhã, uma refeição caseira com minha família, ir de bicicleta para o trabalho em um dia de verão. Essas experiências geralmente custam muito pouco, mas pagam dividendos de felicidade imensos.

Cada caminhada noturna, cada nascer do Sol, cada conversa boa com um amigo é uma janela para a apreciação grata e alegre da vida no mundo de Deus.

Essa postura com relação à vida fala menos sobre nossa renda e mais sobre nosso relacionamento com o tempo e o tipo de atenção que damos a Deus e à bondade em Seu mundo.

Existe uma razão pela qual o professor em *Eclesiastes*, no máximo de sua riqueza ostentadora, disse: "Para o homem, não existe nada melhor do que comer, beber e encontrar prazer em seu trabalho".[57]

São as pequenas coisas, sabe?

11. Reconheça a publicidade pelo que ela é — propaganda. Perceba a mentira.

Como meu quacre preferido disse de maneira muito provocativa: "Recuse ser doutrinado pela propaganda dos guardiões das bugigangas modernas".[58]

Essa é *divertida* na verdade. Uma das poucas vezes em que o sarcasmo me pareceu ser algo de Jesus. Adoro transformar isso em um jogo com meus filhos. Quando vemos um comercial, paramos e analisamos a mentira.

Já assistiu ao comercial do novo Volvo? Um casal de modelos dirigindo em direção ao fiorde norueguês? Ah! Muito bom. Como se comprar aquele carro fosse fazer com que parecêssemos modelos. A *verdade* é...

Ser pai é muito divertido.

12. Lidere uma revolta feliz e alegre contra o espírito do materialismo.

Disseram que São Francisco e seus seguidores "lideraram uma revolta feliz e alegre contra o espírito do materialismo".[59] Eles achavam que espalhar a mensagem de simplicidade de Jesus era a mesma coisa que espalhar sua mensagem de alegria. Você não precisa ser mal-humorado com relação a isso ou ficar nervoso a respeito de quantas meias você tem. Apenas sorria, relaxe e deixe a alegria ser sua arma nessa batalha.

Ouvimos com frequência: "Menos, porém melhor".

Mas e se menos *for* melhor?

Essa é a mensagem que nossa cultura precisa urgentemente ouvir.

Declaro que chegou o momento da revolução. Quem está comigo?

Começando

Eis um bom lugar para começar a simplificar: seu armário. É muito provável que você tenha um armário mesmo sendo um universitário muito pobre (perceba a ironia dessa afirmação…). E a maioria de nós tem roupas *demais*.

A primeira vez em que dei uma olhada em meu armário, decidi limitar meu guarda-roupa a seis mudas de roupa por estação. Uma muda para cada dia da semana, sendo que o domingo era um dia de "escolha livre". Fiz uma programação para as roupas e coloquei na parte de dentro da porta do armário. Se você me encontrasse na segunda-feira, eu estaria vestindo meu moletom cinza e meu jeans preto.

Um ano depois, fiz isso novamente. Dessa vez, percebi que uma roupa diferente por dia é meio ridículo. Nessa época, eu já sabia que havia injustiça na indústria da moda, o que tornava comprar roupas uma tarefa árdua.

Então diminuí o número de roupas pela metade — três mudas de roupa por estação. Vestia meu moletom segunda, quarta e sexta. Adorava isso.

Recentemente, diminuí para duas mudas de roupa para o verão. Alterno dia sim, dia não e me sinto *ótimo*. Gosto de todas as roupas. Elas foram produzidas de maneira ética e sustentável. Pela primeira vez desde que eu me lembro, tenho dinheiro extra em meu orçamento para roupas e nenhuma necessidade de gastá-lo. Ou desejo de gastá-lo.

Eu me sinto livre.

Estou supondo que a maior parte de nós tem muita coisa largada pela casa. Sei que não vale para todos.

A dica é começar por onde está sua margem de crescimento. Se ela estiver em seu armário e nos 20 pares de sapato, ótimo, comece por aí. Se estiver em sua coleção de G.I. Joe da década de 1980, comece por aí. Se estiver em seu fetiche por canecas de café, já sabe o que fazer.

Lembre-se: a pergunta que sempre devemos nos fazer como seguidores de Jesus não é: "O que Jesus faria?". Uma pergunta mais útil seria: "O que Jesus faria *se fosse eu*?". E se ele fosse do meu gênero, tivesse minha carreira, minha renda, meu estado civil? E se tivesse nascido no mesmo ano em que nasci? E se morasse na mesma cidade?

Como isso seria?

Seguir Jesus é nos perguntarmos isso até o último suspiro.

O custo do contentamento

Para concluir, sejamos justos: a simplicidade não é "a solução" para a pressa no mundo moderno. (Lembre-se: nada de solução mágica.) Mas é *uma* solução. Na verdade, é uma solução muito simples. Apenas se livre das porcarias de que você não precisa. No entanto, essa não é uma solução *barata*. Ironicamente, ela tem um custo.

Como Dallas Willard ressaltou de maneira tão astuta, o custo do discipulado é alto, mas o custo do não discipulado é *mais alto* ainda.[60]

Sim, seguir Jesus e viver seu caminho de simplicidade tem um custo. Mas *não* fazer isso custa mais ainda. Custa dinheiro, tempo, uma vida justa, o presente de uma consciência limpa, tempo para orações, uma alma sem pressa e, acima de tudo, "a verdadeira vida".

Tenho pensado muito sobre uma fala de Paulo, em Filipenses:

> Tudo posso naquele [Cristo] que me fortalece.[61]

Ouço as pessoas usarem essa fala fora de contexto o tempo todo. Elas a usam para arrecadar dinheiro na igreja, para conseguir aquela promoção, para vencer o câncer, para criar uma família. Todas coisas boas. Mas sabe qual era o contexto em que Paulo escreveu isso?

Contentamento.

A parte imediatamente anterior a essa é:

> Pois aprendi a adaptar-me a toda e qualquer circunstância. Sei o que é passar necessidade e sei o que é ter fartura. Aprendi o segredo de viver contente em toda e qualquer situação, seja bem alimentado, seja com fome, tendo muito, ou passando necessidade.[62]

Nesse contexto, Paulo não estava escrevendo sobre superarmos um Golias alegórico em nossas vidas; estava escrevendo sobre um dos maiores inimigos da alma humana, antes e depois de Edward Bernays: o descontentamento. Aquela sensação incômoda de querer sempre *mais*. Não somente mais coisas, mas também mais *vida*. O que queremos em seguida pode nem ser uma coisa; pode ser uma graduação, casamento, filhos, um emprego melhor, a aposentadoria, ou o que quer que você espere do futuro.

Mas sempre existe algo que estamos *quase* alcançando. Vivemos com o que o historiador Artur Schlesinger chamou de "descontentamento inextinguível".[63] É o que o poeta do *Eclesiastes* chamou de "correr atrás do vento".[64]

O contentamento não é uma negação budista de todo o desejo; é viver de tal maneira que seus desejos não realizados não limitem sua felicidade. Todos temos desejos não realizados. Nessa vida, todas as sinfonias permanecem inacabadas. Mas isso não significa que não podemos ser felizes.

A verdade é que você pode ser feliz aqui e agora "no Cristo que me fortalece"; ou seja, investindo seus recursos em seu relacionamento com Jesus. Você pode viver uma vida rica e satisfatória sendo rico ou pobre, solteiro ou casado, infértil ou contando os dias até que seus quatro filhos saiam de casa, arrasando em seu emprego dos sonhos ou em um subemprego que paga um salário mínimo. Você tem tudo de que precisa para viver uma vida feliz e contente no presente; você tem acesso ao Pai. A atenção amorosa Dele.

Quem teria imaginado que o jugo seria tão suave assim?

Desacelerando

Gosto de regras.

Pronto, eu assumo.

Por que todos reclamam tanto delas? O que as regras fizeram para as pessoas? Houve uma cleptocracia imperialista das regras recentemente que eu tenha perdido?

As regras me fazem sentir seguro. Quando conheço as regras, respiro com facilidade.

Você deve estar pensando: *Ah, meu irmão...*

As pessoas que julgam vão continuar julgando, mas minha personalidade é muito J na tipologia Myers-Briggs. E, bem, gosto de ter um plano. Para tudo. Eu literalmente me sento antes do meu dia de folga e planejo até as horas.

Tire onda de mim o quanto quiser, mas eu geralmente tenho dias de folga *muito* bons.

Tenho idade e (espero) sabedoria suficientes para conhecer minha personalidade e rir dela, viver de um modo que funcione para mim, sem julgar meus amigos antinomianos, que têm outro tipo de personalidade ou estão em outras fases da vida. Assim, comecei a perceber que as pessoas que são antirregras também são antiprogramação, e as pessoas antiprogramação geralmente vivem de forma *reativa*, e não *proativa*. Mais como passageiros do que como motoristas, mais como consumidores do que como criadores. A vida acontece *com* elas, mais do que *por meio* delas.[1]

Novamente, a verdade: alcançamos a paz interior quando nossa programação está alinhada com nossos valores. Traduzindo para o aprendizado com Jesus: se nossos valores são uma vida com Jesus e um crescimento maduro direcionado ao amor, à alegria e à paz, então nossas programações e nosso conjunto de práticas que compõem os dias e as semanas — os quais, juntos, formam essencialmente nossas regras de vida — são o caminho por meio do qual alcançamos a paz interior.

Antes que vocês, pessoas antirregras com personalidade tipo P no teste MBTI, se encolham e joguem este livro do outro lado da sala, reflitam: uma regra de vida pode ser divertida?

Existe uma nova ideia na literatura de autoajuda chamada *gamificação*. A ideia é, basicamente, transformar seu crescimento pessoal em pequenos jogos. Um best-seller recente traz em seu subtítulo *The Power of Living Gamefully* [*O Poder de Viver com Gamificação*, em tradução livre].[2] Gosto disso. Tenho um novo objetivo: viver com gamificação.

Como agora sou uma pessoa ligada à gamificação, estou sempre à caça de pequenos jogos — divertidos, criativos, com "regras" flexíveis para desacelerar o ritmo geral da minha vida quase apressada.

Essas regras têm estado em meus pensamentos, então decidi escrevê-las para você neste capítulo. Algumas das regras são profundas e intensas; a maior parte delas são peculiares e estranhas. Escolha as suas. Pegue para você o que achar divertido e revire os olhos para o restante.

Mas, antes de começarmos, você pode estar pensando: *"Espere, como assim essas são disciplinas espirituais?"* Bem, em determinado nível, elas não são. Tudo bem, provavelmente é até sábio considerar isso. Jesus vivia em uma vila do século I, não em uma cidade no século XXI. Jesus não dirigia um carro, não respondia a mensagens de texto e não era uma opção para ele dar uma passada no Taco Bell tarde da noite. As práticas a seguir são práticas modernas baseadas em minha tentativa de seguir a Jesus enquanto vivo em uma cidade, sustento uma família, tenho um smartphone, acesso a Wi-Fi, entre outras coisas. Será que precisamos de algumas novas disciplinas espirituais para sobreviver no mundo moderno? Hábitos inversos para abrirmos guerra contra o que o futurista David Zach chamou de "hiperviver — deslizando sobre a superfície da vida".[3]

Então, embora você não encontre as regras a seguir em nenhuma lista padrão de disciplinas espirituais, *encontrará* cada vez mais professores falando sobre isso, como um protesto contra a nova normalidade da hipervivência.

Tanto John Ortberg quanto Richard Foster batizaram essa nova prática de disciplina espiritual de "desacelerar".[4] John Ortberg a definiu como "cultivar a paciência ao escolher deliberadamente nos colocarmos em posições nas quais simplesmente precisamos esperar".[5]

A ideia básica por trás da prática da desaceleração é esta: desacelere seu corpo, desacelere sua vida.

Somos criaturas *encarnadas*. Pessoas inteiras. Nossa mente funciona como um portal para nosso ser, então a forma como pensamos tem todo tipo de ramificação a respeito de como experimentamos uma vida com Deus. No entanto, a mente não é o único portal.

É por isso, por exemplo, que tão poucos ocidentais ainda praticam o jejum. O que antes era uma prática essencial para o caminho de Jesus caiu no esquecimento.[6] Não conseguimos compreender uma prática que quer mudar a vida por meio de nosso *estômago*. Estamos tão acostumados com livros, podcasts, palestras em universidades e pregações em igrejas que frequentemente esquecemos: não somos apenas cérebros com pernas. Somos pessoas inteiras. Holísticas, integradas, complexas e repletas de uma quantidade estonteante de energia. Então nossos aprendizados com Jesus precisam ser considerados empreitadas para pessoas inteiras. Mente e corpo.

Se pudermos desacelerar os dois — o ritmo em que pensamos e em que movemos o corpo pelo mundo —, talvez possamos desacelerar nossa *alma* a um ritmo que possa "provar e ver como o SENHOR é bom".[7] E que a vida nesse mundo também é boa.

Portanto, eis 20 ideias para desacelerar o ritmo geral de sua vida. Sim, 20. Eu avisei, gosto de regras.

Vamos começar com algo que a maioria de nós faz todos os dias: dirigir. Mesmo que você viva na cidade, como eu, e ande ou vá de bicicleta para o trabalho na maioria das vezes, provavelmente você dirige com certa frequência. Moro bem no centro e, mesmo assim, dirijo meu carro duas ou três vezes na semana. Eis algumas ideias para a gamificação da ação de dirigir dentro da disciplina espiritual de desacelerar.

1. Dirija dentro do limite de velocidade.

Essa é uma ideia revolucionária, nunca inserida em um livro antes! Se a placa indica que o limite de velocidade é de 40km/h, *dirija a 40km/h!* Não a 50km/h. Nem a 55km/h. (Até quanto *consigo* me livrar?)

Uma observação: nunca *abaixo* do limite de velocidade — isso é simplesmente irritante. Vamos todos odiá-lo.

Mas no limite de velocidade exato.

Às vezes faço coisas bobas como essa apenas para desintoxicar meu cérebro do vício em dopamina e da gratificação instantânea de uma vida de velocidade. Nesse caso, literalmente.

2. Ande na faixa lenta.

Apenas se divirta com a vovó no carrão antigo. Ou o caminhão que transporta contrabando do Walmart.

Acomode-se. Sinta o volante, a estrada. Contemple a paisagem. Aproveite essa oportunidade para praticar a *presença* — para Deus, para o mundo, para sua alma.

Se você parar para refletir, o momento em que estamos dirigindo é ótimo para orar. Alguns de meus melhores momentos de oração são quando estou dirigindo de manhã. Como disse, geralmente ando de bicicleta pela cidade, mas, algumas vezes no mês, eu atravesso a cidade de carro para ir à terapia. Normalmente odeio dirigir (um dos motivos pelos quais adoro morar na cidade), mas espero ansiosamente a semana inteira pelo momento em que vou dirigir, pois sei que é um ótimo momento para apreciar a companhia de Jesus.

3. Pare completamente diante das placas de PARE.

Nada dessa baboseira da Califórnia.

A propósito, na próxima vez em que tentar isso, perceba como é *difícil*. Talvez seja porque sou da Califórnia. Ou porque eu não esteja dirigindo rápido o suficiente; ou, até mesmo, talvez *eu não seja* suficiente... Aí entra aquele coração desordenado, logo abaixo da superfície da minha pressa.

4. Não envie mensagens enquanto dirige.

Eu não deveria precisar dizer isso; porque isso é, bem, *ilegal* no fim das contas. Além de ser a causa de milhares de mortes por ano. Nossa pressa está literalmente nos matando.

No entanto, há um motivo por que muitas pessoas enviam mensagens enquanto dirigem, mesmo sabendo que é ilegal e uma questão de vida ou morte. Estamos tão viciados na dose de dopamina que vem de nossos smartphones que não conseguimos simplesmente nos sentar em nosso carro e ouvir música, notícias, orar ou falar com a pessoa que está ao nosso lado como passageiro. *Precisamos* pegar o telefone e arriscar nossa vida (e a dos outros) para ter nossa dose de dopamina.

Você se lembra da década de 1950, em que as pessoas simplesmente saíam para "dirigir"? Tudo bem, eu nasci na década de 1980, então não lembro, na verdade, mas você entendeu o que quero dizer. Alerta de estereótipo de gênero: o homem usava luvas para dirigir; a mulher, um lenço colorido na cabeça. Vamos voltar a fazer isso: sair para dirigir.

5. Chegue dez minutos mais cedo para um compromisso. Sem o celular.

O que você poderia fazer se tivesse dez minutos completos só para você? Reler revistas da década de 1990 que estão sob as mesas de centro? Falar com o ser humano a seu lado na sala de espera? Ler um livro?

Eis uma ideia: E se você orasse?

6. Entre na fila mais longa do caixa do mercado.

Ah… todos estão me odiando agora! Em uma cultura obcecada pela eficiência, por que faríamos *isso*? Isso é literalmente perder tempo de propósito.

Bem, esse é o motivo por que faço isso (às vezes, não sempre): é uma forma de desacelerar minha vida e lidar com a pressa em minha alma. Isso me dá alguns minutos para me desintoxicar um pouco da droga da velocidade. Para orar. Para fazer um inventário de meus sinais vitais espirituais e emocionais. E, quando finalmente chego ao caixa, para expressar o amor do Pai pela pessoa que está ali; simplesmente digo olá, faço algumas perguntas e digo obrigado. (Em vez de fazer o que todos fazem: pagar pelas compras enquanto trocam mensagens de trabalho, ouvem podcasts no fone de ouvido; tudo isso enquanto tratam a pobre pessoa do caixa como uma máquina em vez de uma alma.)

Eis um motivo mais profundo: é sábio negar a nós mesmos o que desejamos com certa frequência, por meio de uma prática tão intensa quanto o jejum, ou de algo menor, como escolher a fila do caixa mais longa. Dessa forma, quando *outra* pessoa nos nega o que desejamos, não reagimos com raiva. Já estamos ambientados.

Não precisamos que tudo seja do nosso jeito para sermos felizes. Naturalmente, a maioria de nós precisa de um tempo para se adaptar. Então, comece devagar, no corredor 3.

7. Transforme seu smartphone em um "dumbphone" (telefone burro).

Há muitos anos, o artigo de Jake Knapp "My Year with a Distraction-Free iPhone (and How to Start Your Own Experiment)" ["Meu Ano Com um IPhone Sem Distrações (e Como Começar Sua Própria Experiência)", em tradução livre] atingiu a internet como um incêndio, e muitos aderiram ao movimento.[8]

Tudo bem, não existe um "movimento". Apenas meu amigo Josh e eu. Mas gostamos disso.

Desde então, "telefone burro" se tornou nossa frase de efeito. Tipo... você entendeu.

Não existe uma lista oficial, mas estas são nossas sugestões:

- Não tenha acesso ao seu e-mail no smartphone.

- Desinstale todas as redes sociais de seu smartphone, comece a acessá-las pelo computador e programe um horário para checá-las diariamente ou, melhor ainda, semanalmente.

- Desinstale o navegador. Sou um pouco tolerante com essa regra porque odeio navegar na internet no smartphone e só uso o navegador quando alguém me manda um link. Mas essa é uma faceta-chave típica do "telefone burro".

- Desative todas as notificações, inclusive as de mensagens. Configurei meu telefone para precisar (1) desbloqueá-lo e (2) clicar no ícone de mensagens para (3) sequer ver se tenho mensagens. Isso virou o jogo.

- Desinstale os aplicativos de notícias ou, pelo menos, desligue os alertas. Eles são o diabo.

- Desinstale todos os aplicativos de que você não precisa ou que não facilitam sua vida de verdade. E mantenha todos os aplicativos maravilhosos que facilitam sua vida — GoogleMaps, calculadora etc. Estes, Knapp colocou em uma pasta e chamou-a de "O Futuro".

- Acondicione os aplicativos mencionados anteriormente em pastas simples, para que sua tela inicial fique livre e limpa.

- Por fim, configure seu telefone para o modo de escala em tons de cinza. Isso faz algo neurobiologicamente que não sou inteligente o suficiente para explicar, mas que tem a ver com diminuir o vício em dopamina. Pesquise no Google.

Se você está pensando agora: *"Por que simplesmente não compramos um celular das antigas?"* Isso faz sentido. Então...

8. Compre um celular das antigas. Ou abandone o celular de uma vez por todas.

Para os pós-hipsters com dinheiro, comprem o celular Punkt ou o Light Phone II. Para o restante de nós, vá até a loja de celulares mais próxima, que, surpreendentemente, deve ter opções sem o desenho de uma fruta na parte de trás.

9. Dê limites ao seu smartphone; coloque-o para dormir antes de você e deixe-o dormir até mais tarde.

O celular da minha esposa e o meu "dormem" no mesmo horário que nossos filhos: às 20h30. Nós literalmente os colocamos em modo avião em uma gaveta da cozinha. Ou então gastamos nosso tempo e acabamos fritando nosso cérebro com a luz azul das telas, em vez de nos prepararmos para dormir com um bom livro ou, você sabe, coisas de casal.

10. Mantenha seu telefone desligado até depois de seu momento silencioso pela manhã.

As estatísticas são tenebrosas: 75% das pessoas dormem ao lado dos seus celulares, e 90% das pessoas checam seus celulares imediatamente após acordarem.[9]

Não consigo pensar em uma maneira *pior* de começar o dia do que com uma mensagem do trabalho, uma conferida no e-mail, uma olhada rápida (claro…) nas redes sociais ou um alerta de notícias sobre a polêmica do dia.

Essa é uma receita para a irritação, não o amor. Tristeza, não alegria. E, definitivamente, não é uma receita de paz.

Ouça: não deixe seu celular definir seu equilíbrio emocional e não deixe seu feed de notícias definir sua visão de mundo.

Sem querer parecer angustiado e político, lembre-se de que a "liberdade de imprensa" é um mito. Sim, a imprensa é livre da fiscalização de Washington D.C., o que acho ótimo. Mas eles ainda são escravos do resultado líquido. O jornalismo é uma empresa com fins lucrativos — isso é o capitalismo, amigos, não importa quão de esquerda o jornalismo pareça. E a realidade é que, por motivos tanto neurológicos quanto teológicos, *notícias ruins vendem*. E más notícias "caça-clique" a respeito de alguma celebridade (em outras palavras, conhecimento inútil) vendem mais ainda.

Por isso, nosso feed de notícias matinal *não* é uma imagem fiel do mundo. Tem uma curadoria por trás dele, não só com um objetivo sociopolítico totalmente secular (tanto de esquerda quanto de direita), mas também com uma perspectiva sobre tudo o que há de ruim no mundo e raramente sobre *qualquer* coisa boa. Porque o dinheiro vem de notícias ruins.

Não me entenda mal; não estou dizendo que você deva fechar os olhos para as injustiças no mundo. Lá-lá-lá-lá-lá... não consigo ouvi-lo!

O que quero dizer é: deixe a *oração* definir seu equilíbrio emocional e a *Escritura* definir sua visão de mundo. Comece seu dia no espírito da presença de Deus e na verdade de Suas Escrituras.

Meus amigos da Red Church, em Melbourne, na Austrália, têm esse ditado: "Ganhe o dia". O que eles querem dizer: no começo de cada dia, coloque seu celular do outro lado da casa e não olhe para ele até que você tenha passado algum tempo em devoção a Deus.

Recomendo muitíssimo que você adote essa prática. Isso, mais uma vez, mudou minha vida. É uma forma de manter minhas prioridades em dia. Mais do que isso, é uma forma de começar meu dia com amor, alegria e paz, sem ser sugado para a pressa, a ansiedade e toda a polêmica do mundo.

Novamente, nada disso é legalista. Essas ideias são, basicamente, limites autoimpostos para manter a trajetória de minha vida dentro dos limites e nos trilhos (leia-se: caminho) para a vida.

11. Defina horários para o e-mail.

Essa sugestão não é apenas minha, praticamente todos os autores de autoajuda, gurus de gerenciamento de tempo, especialistas em eficiência no ambiente de trabalho, autores de blogs de opinião, entre outros, dizem a mesma coisa.

Não tenha e-mail no celular.

Não abra seu e-mail quando tiver um momento livre no elevador ou quando estiver em uma reunião entediante.

Não responda a e-mails aleatórios durante o dia.

Em vez disso: defina um horário para acessar os e-mails e se atenha a ele.

Tenho o privilégio de acessar meus e-mails apenas uma vez por semana. Toda segunda-feira de manhã, às 10 horas, abro minha caixa de entrada e não paro até que leia e responda a todos os e-mails. No restante da semana, tenho uma resposta automática que, basicamente, diz: *"Respondo na segunda-feira".*

Existem alguns contras para essa abordagem, mas, para mim, os prós importam mais.

Para a maioria das pessoas, isso é completamente irrealista — eu entendo. Descubra o que funciona para você. A maioria dos especialistas recomenda que você não verifique seu e-mail mais do que duas vezes ao dia, digamos às 9 horas e às 16 horas — no começo e perto do fim de seu dia de trabalho. Todas as vezes que acessar, se puder, zere a caixa de entrada. Se existe uma tarefa, não a deixe pendurada em uma corrente de e-mails; coloque-a em uma lista de afazeres para mais tarde.

A menos que você seja um assistente executivo ou tenha algum tipo de emprego que exija a vigilância constante dos e-mails, isso lhe poupará algumas horas por semana. Lembre-se: quanto mais você verifica os e-mails, *mais lida com os e-mails*. E-mails se resolvem sozinhos. É por isso que, quando você volta de férias longas e acha que levará três dias para verificar seus e-mails, geralmente leva apenas algumas horas. A maioria se resolveu — de forma incrível! — sem você.

Uau, como isso é bom!

12. Defina um horário e um limite de tempo para as redes sociais (ou simplesmente saia delas).

Na mesma linha da ideia anterior, as redes sociais são um buraco negro. Como ferramentas elas são boas. Mas raramente são apenas ferramentas.

Eu "preciso" estar nas redes sociais por causa do meu trabalho. (Tudo bem, na verdade eu não preciso estar nas redes sociais, mas amo escrever. E, assim como muitas pessoas no mercado da economia do conhecimento, preciso fazer propaganda do meu trabalho; portanto, estou no Twitter, o que... *shiu*, é um segredo: eu detesto. Não é exatamente o melhor lugar para sutilezas, pensamentos profundos e civilidade.) Então sigo o mesmo processo do e-mail — acesso uma vez por semana. Não está no meu celular, então acesso pelo laptop no escritório, respondo cada tweet — sou conhecido por responder com uma semana de atraso — e deixo meus posts agendados para a semana seguinte. Todos os dois.

E eu *detesto* o Facebook; é como a escória do cristianismo conservador. Desculpe-me, falei. Você pode postar algo horrível em sua página para comprovar o que eu disse.

Gosto do Instagram porque posso seguir meus amigos e é mais visual. Mas não me permito olhá-lo mais do que uma vez ao dia. Senão consome todo meu tempo e, com isso, minha alegria. Felizmente, existem ótimos aplicativos que o ajudam a parar ao atingir seu limite diário.

Claramente, não sou alguém muito divertido para se seguir nas redes sociais, mas estou bem com isso. Estou muito mais interessado em estar na igreja no domingo e ter muito mais do que 280 caracteres de coisas para dizer. Então, dedico meu tempo a isso.

13. Mate sua TV.

Alguém se lembra desse adesivo de para-choque? Ou acabei de revelar minha idade?

Vou contar um segredo: eu tinha um desses no meu carro. O Volkswagen. Eu sei, clichê.

Mas, diferente de meus antigos amigos do rock independente, estou quase comemorando minha quinta década neste mundo e nunca comprei uma TV. Claro, em tempos de streaming e dispositivos, isso significa menos do que antes.

A TV (e seu irmão, o cinema), mais ainda do que as redes sociais, consome a maior parte do tal tempo livre. Para um norte-americano médio, isso significa mais de 5 horas por dia, ou 35 horas por semana. (Uma observação: esse tempo é menor na geração de millenials, mas apenas porque passamos muito tempo nas redes sociais. Estamos mais viciados em entretenimento, não menos.)[10]

É o único vício cujo excesso é socialmente aceito. As pessoas agora têm "dias de Netflix", em que passam um dia inteiro (ou o fim de semana inteiro) em múltiplas temporadas diante do mais recente fenômeno de streaming. É como o Sabático, mas completamente o oposto.

A Netflix relata que um usuário médio assiste a uma série em *cinco dias,* e há milhões maratonando temporadas de 12 horas em *um dia.*[11]

Quando questionado sobre a concorrência com a Amazon Prime e outros serviços de streaming que estão em alta, Reed Hastings, CEO da Netflix, deu de ombros. Ele disse que o maior concorrente da Netflix é o *sono*.[12]

Para que você não pense que minha batalha é simplesmente contra o tempo jogado fora, lembre-se: aquilo a que damos nossa atenção é a pessoa que nos tornamos, para o bem ou para o mal. Como meus pais costumavam me dizer: "Lixo para dentro; lixo para fora". Cada... uma... das... coisas que deixamos entrar em nossa mente terá um *efeito* sobre nossa alma.

Se você encher sua mente de fornicação e imagens completamente irrealistas de beleza, romance e sexo, de violência e busca por vingança, de sarcasmo cínico secular, a que chamamos de "humor", de um desfile de riquezas suntuosas ou de simples banalidade, como acha que estará modelando sua alma?

Honestamente, há uma quantidade mínima de coisas a que *posso* assistir como aprendiz de Jesus. Uma vida livre de cobiça é fundamental para a visão de Jesus do florescimento humano (veja Mateus 5:27–30, o Sermão da Montanha). Gosto muito de arte e, até mesmo, de entretenimento. Mas há uma quantidade mínima de filmes a que posso assistir que não incentivam a cobiça, junto de diversos parceiros catastróficos. Desde a década de 1920, Hollywood tem estado na vanguarda da missão do inimigo de degradar a sexualidade e o casamento e dessensibilizar nossa sociedade para o pecado. Por que facilitar para eles?

Às vezes, termino um filme ou um programa com uma sensação de maravilha, admiração, sobriedade e, até mesmo, sabedoria. Mas esses momentos inspiradores são raros.

Por que não descer do trem maluco? Mate sua TV. Quero dizer, se quiser, literalmente, mate-a. Meu amigo jogou a dele pela janela. É só uma ideia.

Eis uma ideia mais agradável: limite a quantidade de entretenimento que você consome. Você decide o número: duas horas por semana? Quatro? Dez? Apenas coloque um limite menor do que a média de 35 horas!

Nosso tempo é nossa vida, e nossa atenção é o caminho para nossos corações.

14. Uma tarefa de cada vez.

Um dos motivos que me faz tratar meu celular, e-mail e redes sociais do modo como os fariseus fariam é porque percebi algo que é óbvio: *ser multitarefa é um mito.* Literalmente. Somente Deus é onipresente. Eu habito um corpo. E um corpo só consegue fazer uma... coisa... de... cada... vez. A multitarefa é apenas um truque para alternar tarefas sem parar e fazê-las mal, em vez de fazer bem uma só vez.

Nas palavras do filósofo Byung-Chul Han, uma mente *muito* mais brilhante:

> A atitude com respeito ao tempo e ao ambiente, conhecida como "multitarefa", não representa um progresso para a civilização (...)
>
> Em vez disso, essa atitude equivale a uma regressão.
>
> A multitarefa é comum entre animais selvagens.
> É uma técnica de atenção indispensável para a sobrevivência na selva (...)

> Na selva, o animal é forçado a dividir sua atenção entre várias atividades. É por isso que os animais são incapazes de realizar a contemplação imersiva (...)
>
> Não só a multitarefa, mas outras atividades como videogames, produzem um modo de atenção amplo, porém superficial, que é similar à vigilância de um animal selvagem (...) A preocupação com a boa vida (...) está se rendendo cada vez mais à simples preocupação com a sobrevivência.[13]

Ou nesta citação do lendário Walter Brueggemann:

> A multitarefa é a motivação para sermos mais do que somos, controlar mais do que controlamos, aumentar nosso poder e nossa eficiência. Essa prática resulta em um ser dividido, com sua total atenção dada a nada.[14]

Aparentemente, não sou o único a trazer de volta o hábito de realizar uma tarefa de cada vez.

Chega de escrever um e-mail enquanto escreve um tuíte, lidar com mensagens de texto no iMessage e ouvir música — tudo isso dentro de um escritório em conceito aberto, conversando com Sarah no cubículo ao lado.

(Como isso tem funcionado para você?)

Quero estar *completamente presente* no momento: para Deus, para outras pessoas, para meu trabalho no mundo e minha alma. Isso é mais do que suficiente para consumir minha atenção.

Posso verificar a meteorologia e procurar *"Star Wars: Episódio X"* no Google em outro momento.

15. *Ande mais devagar.*

Mais coisas "emo" a respeito da família em que cresci: meu pai tem personalidade tipo A, como eu. Quando eu era criança, nós nos orgulhávamos do quão rápido andávamos. É esquisito, mas é verdade. Lembro-me de fazer compras de Natal com meu pai no shopping e de passar voando pelos outros clientes — *perdedores!* Vamos chegar antes de todos na J. C. Penney.

Minha esposa é latina, vem de uma cultura calorosa. Ela anda devagar. Na verdade, ela faz a maioria das coisas devagar. Não consigo dizer quantas briguinhas tivemos como recém-casados por causa do ritmo ao andar. Não estou inventando: *foram várias.*

Adiantando o assunto... (espere, vamos devagar) Atualmente, percebo que muitos dos grandes seguidores de Jesus que eu conheço — mentores, diretores espirituais, pessoas de Jesus mais velhas e mais sábias — andam devagar. Não porque estão fora de forma ou com falta de ar. É de propósito. Deliberadamente. É o resultado de anos de aprendizado com o jugo suave.

Há algum tempo, eu estava em São Francisco com esse cara mais velho que está seguindo Jesus de um jeito muito legal. Decidimos dar uma caminhada em vez de nos sentarmos para tomar um café. Tínhamos marcado de nos encontrarmos para conversar e não tínhamos nenhum outro compromisso; então percebi que eu estava ficando irritado com o ritmo dele. Aquele ritmo sequer se enquadrava em andar. Ele parecia uma tartaruga. E, quando tinha algo muito profundo para dizer, parava completamente, virava-se para mim e falava muuuuito lentamente.

Percebi que comecei a bater o pé e me sentir agitado: *Vamos lá, anda logo.*

Então pensei: *"Aonde estou querendo chegar com toda essa pressa? Não tenho nenhum outro compromisso!"*

Aah...

O que quero dizer é que uma das melhores formas de desacelerar seu ritmo de vida em geral é *literalmente* desacelerar seu corpo. Force-se a se mover pelo mundo em um ritmo relaxado.

Todos os novaiorquinos estão me odiando agora. Em defesa deles, eles *precisam* estar em algum lugar.

Recentemente T e eu saímos para uma caminhada e tivemos uma briguinha. Nada demais, apenas uma pequena discussão.

Ela estava andando rápido demais...

16. Reserve um dia inteiro sozinho para silêncio e solidão regularmente.

Eu reservo um dia inteiro uma vez por mês para ficar sozinho. Novamente, nada de legalismo; às vezes não consigo fazer isso. Mas geralmente acordo cedo. Se o clima estiver bom, vou para a ilha Sauvie, a quarenta minutos de distância de carro. No inverno, reservo um quarto em uma abadia Trapista próxima de lá. Só eu e os monges.

É um dia lento e tranquilo, repleto de leitura e oração e, sim, algumas sonecas de vez em quando.

É parecido com o Sabático, mas um pouco diferente; é um tempo para buscar o equilíbrio. Verificar minha pulsação. Ver se estou vivendo como quero viver, de acordo com minhas convicções. Reflito sobre o mês que passou; dou uma olhada na programação para o mês que está iniciando, em meu plano de vida e meus objetivos anuais; acompanho meu progresso. Escrevo em meu diário sobre as formas como sinto Deus vindo até mim por meio de seus convites.

Definitivamente não consigo expressar o quanto a prática de um dia de silêncio e solidão é formativa para mim.

Sim, sou introvertido; sei que a maioria das pessoas não é.

Sim, sou pastor; tenho um horário semiflexível — sei disso.

Mas considero inteligente fazer isso para todos os tipos de personalidade, e é muito mais viável do que as pessoas acham.

Gostaria que mais pessoas fizessem isso; que jovens mães fizessem isso enquanto os jovens pais cuidam dos filhos durante um sábado no mês (e vice-versa). Queria que universitários fizessem isso, para não serem sugados pela insanidade da universidade, onde as doenças mentais chegaram a níveis epidêmicos. Queria que os empresários fizessem isso, para se certificarem de que o balanço patrimonial de sua vida está ainda melhor que o de sua empresa. Queria que pessoas criativas, espontâneas, com personalidade P no tipologia de Myers-Briggs e pessoas antiprogramação fizessem isso, para impedir que percam anos de sua vida curta, preciosa e bela em distrações efêmeras.

Queria que você fizesse isso também.

Você consegue.

17. Mantenha um diário.

Eu não escrevo muito em meu diário, apenas o suficiente para me manter focado e justificar ter um caderno Moleskine em minha mesa. No mínimo, todos os meses, em meu dia de silêncio e solidão, escrevo qualquer desenvolvimento importante que aconteceu naquele mês em minha vida, qualquer sonho que tive, palavras proféticas ou sensações sobre o direcionamento do Espírito Santo.

Esse ato lento e catártico de escrever sobre sua vida o coloca em equilíbrio; é como uma corda segurando sua alma em meio ao furacão do mundo moderno.

Se você não gosta de escrever, mantenha um vlog ou um diário de gravações de voz. Ou simplesmente sente-se e processe sua vida com Deus. O objetivo é desacelerar tempo suficiente para observar sua vida como um espectador.

Como os gregos diziam: "A vida não examinada não vale a pena ser vivida".[15]

18. Experimente mindfulness e meditação.

Novamente, o mindfulness é simplesmente silêncio e solidão para uma sociedade secular. É como uma oração sem a melhor parte.

Existem formas de mindfulness que vêm da tradição contemplativa de Jesus.[16] Em dias que não consigo me concentrar e minha imaginação está correndo pelada por aí (o que, infelizmente, é comum para mim), reservo alguns minutos e me concentro em minha respiração. Muito básico. Eu "observo" minha respiração entrar e sair.

Então começo a me imaginar inspirando o Espírito Santo e expirando a agitação do dia. Transformo minha respiração em uma oração, inspirando os frutos do Espírito, um de cada vez...

Inspiro amor, expiro raiva...

Inspiro alegria, expiro tristeza e dor...

Inspiro paz, expiro ansiedade e a incerteza do amanhã...

Inspiro paciência, expiro a pressa da minha vida...

Ainda melhor do que praticar mindfulness é dar um passo além, por meio da meditação, outra palavra cristã antiga que foi cooptada pelo renascimento da Nova Era. Mas não pense em namastê; pense nos Salmos 1: "Bem-aventurado aquele (...) que medita na sua lei dia e noite". Na meditação do tipo hebraica, a de Jesus, você não só esvazia a mente (do barulho, do caos, da ansiedade etc.), como também a *enche* com a Escritura, com a verdade, com a voz do Espírito Santo.

Não consigo colocar em palavras o que a meditação faz por minha alma. Tim Keller, entretanto, consegue:.

> Pessoas que meditam se tornam pessoas de substância, que refletem muito sobre as coisas e têm convicções profundas, que podem explicar conceitos difíceis em uma linguagem simples e que têm bons motivos para justificar tudo o que fazem. Muitas pessoas não meditam. Elas passam por cima de tudo, escolhendo por impulso, sem motivos bem pensados para justificar seu comportamento. Seguindo caprichos, elas vivem vidas rasas.[17]

Em um momento em que a cultura está voltada para a superficialidade, o mindfulness e a meditação são um passo em direção a águas mais profundas.

19. Se puder, tire férias longas.

Percebi que a maioria das pessoas não tira mais férias longas. Elas costumam dar umas escapadas de fim de semana. Vão a LA por alguns dias. Vão à praia no fim de semana. Fazem uma viagem para assistir a um show.

Essa pode ser uma ótima forma de se divertir e sair da rotina, o que é bom e necessário, mas geralmente voltamos para casa ainda mais cansados do que estávamos antes. Com base em minha experiência, leva algum tempo até desacelerarmos o suficiente para atingirmos um nível de descanso profundo da alma.

Um estudo recente documentou que apenas 14% dos norte-americanos tiram férias que duram mais de duas semanas, e incríveis 37% de nós tiram menos de sete dias de férias por ano.[18] À medida que as férias da classe média se tornam cada vez mais abarrotadas e baseadas em diversas atividades, voltar exaustos de férias curtas se tornou a nova normalidade.

Portanto, ao longo do ano, economizo alguns dias de férias para coisas aleatórias — um casamento, uma escapada de aniversário, aquele projeto da casa. Mas uso o restante desses dias para um longo descanso. As pessoas pensam que sou maluco. Onde você *estava*? Acho que estou chegando a algum lugar.

Mas isso pode ser somente meu ritmo de trabalho e a necessidade de um descanso dos ensinamentos. Um estudo recente da Universidade de Tampere, na Finlândia, descobriu que os níveis de felicidade atingem seu ápice no oitavo dia de férias e, depois disso, permanecem estáveis.[19] Os pesquisadores recomendaram tirar uma semana de descanso a cada trimestre (para aqueles que têm o luxo de ter quatro semanas de férias remuneradas).

Sob a Torá, Israel tinha três banquetes no ano, reservados como um Sabático de uma semana. Não era permitido trabalhar, era um Sabático mais extenso de descanso e adoração. Geralmente o banquete durava oito dias, uma vez que havia um Sabático no início e um no final. Sabedoria ancestral "comprovada" pela ciência moderna?

Entendo completamente que, para muitos, essa não é uma opção, especialmente para aqueles que sofrem com a pobreza, a injustiça, ou para aqueles que estão no início de suas carreiras. Eu os incentivo, então, a tirarem férias *do tamanho* e *frequência* que for possível. Nossa equipe tem uma regra de vida que se tornou parte de nosso contrato de trabalho: nos comprometemos a tirar todos os dias de férias permitidos no ano. Eu o incentivo a fazer o mesmo.

Tirar férias de verão é uma das disciplinas espirituais mais importantes de minha vida. Sim, é uma disciplina espiritual, e grande parte dos grandes mestres espirituais da Bíblia viajavam regularmente por semanas, para o *eremos*. Meu *eremos* inclui, basicamente, três crianças pequenas correndo de um lado para outro e uma pilha de livros.

Meu voto é para que transformemos *verão* em um verbo novamente.

20. Cozinhe sua própria comida. E coma-a.

Nós comemos muito em casa. Tammy e eu saímos sozinhos um dia por semana, mas raramente saímos para comer em família. Levo meu almoço para o trabalho, e nossos filhos apenas olham para a pizza na lanchonete da escola com um desejo existencial. Ficamos em casa quase todas as noites. Mantemos uma dieta baseada em vegetais e comida integral, o que significa que precisamos cozinhar muitas coisas do zero. Preparamos muitas refeições iguais para facilitar as coisas. Simplicidade em tudo.

Fast food é rápido, mas não é comida. Comida de verdade leva tempo. E estamos bem com isso.

O ponto de apoio de minha família é a mesa. Contamos histórias sobre nosso dia, os altos e os baixos. Tammy e eu fazemos perguntas, para impedir que a conversa permaneça no nível de humor do primário. Recebemos vizinhos e membros da comunidade. Ensinamos boas maneiras como uma forma de amor pelo próximo.

Depois do jantar, geralmente leio um capítulo da Bíblia enquanto ainda estamos à mesa. Ou apenas um "provérbio do dia".

Recentemente, demos início a uma nova tradição em que eu falo uma palavra de dicionário e as crianças tentam usá-la corretamente em uma oração, uma de cada vez; quem consegue ganha uma gota de chocolate (estou sentindo você me julgar agora...).

Esta foi a frase de Jude na noite passada:

> O problema da maioria dos deveres de casa é que eles são *superficiais*.

Mas Moses, nosso filho de 8 anos, idade em que a criatividade está aflorando, tem outra estratégia: ele inventa uma história. Geralmente é grande, complexa, bizarra e hilária; e ele não usa a palavra do dicionário até a *última* frase. Ao final de todo esse drama, geralmente estamos morrendo de rir.

Desacelerando   229

Quem faz isso?

Moses faz.

São estes momentos que fazem de uma família uma *família*. Alguns dos melhores acontecem em volta de uma mesa.

O coração

Este capítulo foi tão divertido de escrever, mas por favor não confunda o tom. Estou sorrindo agora, não olhando com raiva. Nada disso veio de um tipo de postura de tensão, irritação, religiosa ou de julgamento. Prometo. Cada regra aqui é revigorante para mim. É até divertida.

São simplesmente ideias. Elas podem não servir para você. E tudo bem. Crie a sua lista. Mas crie *uma* lista. E cumpra-a.

Existe mais na vida do que aumentar a velocidade. E está bem debaixo de nosso nariz, esperando para ser apreciada.

Precisamos eliminar a pressa definitivamente, e o melhor jeito de fazer isso é por meio da gamificação.

Epílogo:
Uma vida tranquila

Mais um domingo à noite, ainda é tarde. Terminei há pouco de pregar, mas apenas três cultos, e não seis.

Foi uma pedalada curta até em casa; cheguei a tempo de dar um beijo de boa noite nas crianças. Fiz uma refeição leve com Tam. Nada de kung fu. Minha saúde mental está muito melhor. Ainda não terminei *The West Wing: Nos Bastidores do Poder*; não é a mesma coisa desde que Sam Seaborn saiu; talvez eu assista a mais um episódio?

Amanhã estarei cansado; mas ainda sentirei minha alma.

Estou almoçando com John novamente no Menlo Park; temos feito isso a cada poucos meses. Quando digo "almoçando", quero dizer que ele está almoçando e falando; eu praticamente só faço anotações e escuto.

Começo com o costumeiro: "Como você está?"

Ele responde: "Nesse ponto da minha vida, estou apenas tentando não perder a bondade de cada dia e dar meu melhor a ele".

Sim, ele diz isso.

Eu anoto, palavra por palavra. Lide com as consequências.

De volta para casa no Sabático, refletindo sobre minha jornada. Arrependo-me de todos os anos que perdi para a pressa. E mesmo assim. Minha gratidão por um novo tipo de vida é muito maior do que qualquer arrependimento do passado.

Acho que você poderia dizer que me sinto... feliz. Não aquele feliz brilhante do Instagram ou de uma comédia romântica; isso é correr atrás do vento. Como a maioria das pessoas, experimento a felicidade em descargas ocasionais, geralmente no Sabático, ou em uma ocasião especial. A raridade desses momentos eufóricos é o que os torna mais especiais.

Identifico-me muito com a oração dos Alcoólicos Anônimos:

> Para que eu possa ser razoavelmente feliz nesta vida, e supremamente feliz ao lado [de Jesus] na outra.[1]

Sou razoavelmente feliz.

Razoavelmente feliz é mais do que suficiente.

Faz cinco anos desde que me demiti, desci do trem da pressa e escolhi a estrada de terra do desconhecido. As pessoas dizem: "Parece que foi ontem". Mas não parece que foi ontem; parece que foi em outra era, outra vida. Uma para a qual não tenho absolutamente nenhum desejo de voltar.

Os últimos cinco anos têm sido de cura, de desorientação, emocionais, divertidos, difíceis, longos, repletos tanto de alegria quanto de decepção, mas, em sua maioria, apenas *bons*.

Reorganizei minha vida em torno de três objetivos bastante simples:

1. Desacelerar.

2. Simplificar a vida em torno das práticas de Jesus.

3. Viver com foco em permanecer.

Sempre retorno à metáfora do permanecer. Quero tanto viver de um lugar profundo de amor, alegria e paz.

Nicholas Herman, o monge parisiense mais conhecido como Irmão Lawrence, chamou essa forma de viver "a prática da presença de Deus"[2] porque precisamos de *prática* para viver a partir da atenção e da consciência. Principalmente no mundo moderno.

Essas quatro práticas — silêncio e solidão, Sabático, simplicidade e desacelerar — me ajudaram demais a ir em direção ao meu foco em permanecer. Mas, para repetir *mais uma vez*, todas as quatro práticas são meios para um fim.

O fim não é silêncio e solidão; é retornar para Deus e para nossos seres verdadeiros.

Não é o Sabático; é uma vida descansada, grata de tranquilidade, apreciação, admiração e adoração.

Não é simplicidade; é liberdade e foco no que importa.

Não é nem desacelerar; é estar *presente* para Deus, para as pessoas, para o momento.

E o objetivo é a prática, não a perfeição. Diversas vezes ao dia, caio na pressa novamente. A força gravitacional às vezes pode ser avassaladora.

Ultimamente, quando isso acontece, tenho repetido este mantra curtinho:

> *Desacelere.*
>
> *Respire.*
>
> *Volte para o momento.*
>
> *Receba o bom como presente.*
>
> *Aceite o difícil como um caminho para a paz.*
>
> *Permaneça.*

É meu rosário, minha invocação, meu "reset" mental e emocional. Minha forma de começar de novo. Em alguns dias, repito o mantra uma vez; em outros, esqueço completamente. Em dias particularmente estressantes, me vejo repetindo-o baixinho o dia *inteiro*. Mas cada vez que recito minha pequena liturgia, volto para o momento.

O momento é onde você encontra Deus, encontra sua alma, encontra sua *vida*. A vida não está "lá fora", na dose seguinte de dopamina; na experiência seguinte; está aqui, agora. Como Frank Laubach, que

identificava a si mesmo como um "místico moderno",
disse tão lindamente: "Cada agora é uma eternidade se estiver
repleto de Deus".[3]

Um contemporâneo seu, C. S. Lewis, em sua obra de sátira sobre a
espiritualidade já citada aqui, fez com que o demônio mais velho e
mais sábio dissesse isto sobre o "Inimigo" (Jesus):

> Os humanos vivem no tempo, mas nosso Inimigo os destina
> à eternidade. Ele, portanto, creio eu, quer que eles estejam
> presentes em duas coisas majoritariamente, para a própria
> eternidade e para aquele momento no tempo que eles
> chamam de Presente. Pois o Presente é o ponto em que o
> tempo toca a eternidade (...)
>
> Portanto ele faria com que eles fiquem continuamente
> preocupados com a eternidade (o que significa estarem
> conectados a Ele) ou com o Presente (...) ou então obedecendo
> à voz da consciência do presente, carregando a cruz do
> presente, recebendo a graça do presente, agradecendo o
> prazer do presente.[4]

Todas as melhores coisas estão no presente, no *agora*.

Todas as grandes tradições de sabedoria da história, religiosas e
seculares, do ocidente e do oriente, cristãs ou não, concordam em
um ponto: se existir uma fórmula para uma vida feliz, ela é bastante
simples — viva o momento.

Cada momento é *repleto* de bondade. Por que estamos com tanta
pressa de ir para o próximo? Há *tanta* coisa para vermos por aqui,
para apreciarmos, para recebermos com gratidão, para celebrarmos,
para compartilharmos.

Epílogo: Uma vida tranquila   235

Como o poeta William Stafford disse: "O que podem dar a você que será melhor do que o agora?"[5]

Detesto a máxima popular *carpe diem*. É latim, mas o que poderia ser mais norte-americano do que isso? Aproveite o dia! Como se o tempo fosse uma mercadoria preciosa e vivêssemos cada um por si.

E se o dia, e se o próprio tempo, não for um recurso escasso que precisamos aproveitar, mas um presente para recebermos com graça e alegria?

Estou apenas tentando não perder a bondade de cada dia.

Mesmo nos dias ruins, nos momentos difíceis, na dor, em crises ou decepções, no diagnóstico, no luto por todas as formas de vida que são menos do que poderiam ser, mesmo *nesses momentos*, penso na parte maravilhosa da oração do AA: "Aceitando que as dificuldades constituem o caminho à paz; aceitando, como [Jesus] aceitou, este mundo tal como ele é, e não como eu queria que ele fosse".[6]

Nossos dias de dor são os tijolos que formam nosso caráter. O pedacinho de nós que se assemelha a Cristo. Eu raramente os recebo bem — não estou tão à frente assim no caminho, não ainda —, mas os aceito. Porque meu Rabino ensina que a felicidade não é resultado da circunstância, e sim do caráter e da comunhão.[7]

Então, independentemente de ser um dia bom ou um não tão bom assim, de qualquer forma, não quero deixar o momento passar.

Se for verdade que a bondade e a misericórdia me acompanham "todos os dias de minha vida"[8], quantos dias eu *perco* para essa bondade em minha corrida insana para encaixar todas as coisas antes do pôr do sol? Passo correndo por essa misericórdia em meu ataque relâmpago pela vida urbana? "Vou dormir quando estiver morto" é o mantra de uma alma que vive negando Deus e que está fora do fluxo da eternidade.

Não farei mais isso. Comprometo-me daqui por diante a eliminar a pressa definitivamente.

Naturalmente, eu também falho.

Diversas vezes ao dia.

Quando isso acontece, eu começo de novo...

> *Desacelere.*
>
> *Respire.*
>
> *Volte para o momento...*

Gostaria de poder lhe dizer que, após alguns anos de prática, já sou *bom* nisso. Nunca estou com pressa. Considere-a eliminada de minha vida, pronto. Simplesmente vivo e amo em um estado perpétuo quase zen de alegria e paz vindas de Jesus.

Lamentavelmente, vivo no mesmo lugar que você: no mundo moderno. Em meio a todo o privilégio e à dor que vêm dele. Toda a riqueza e todos os prazeres hedônicos, bom café e deleite urbano, ao lado do estresse e da distração digital, do consumo exagerado e das exigências exaustivas. Por isso, este livro é tanto para mim quanto para você.

O mundo não mudou nada nos últimos cinco anos; se mudou, apenas saiu ainda mais dos trilhos. Mas eu mudei. Não experimento mais o mundo da mesma forma. Estou em uma nova trajetória. Quando olho para o horizonte, para o homem que estou me tornando, é óbvio que ainda tenho um longo caminho a percorrer, mas gosto da linha no horizonte. Às vezes existem momentos em que visualizo meu "eu" do futuro no presente, em que personifico o que Edward Friedman chamou de "uma presença não ansiosa".[9] Essa sensação é muito boa. Em seguida, de forma previsível, sou sugado novamente para a pressa. Isso geralmente acontece diversas vezes ao dia. Perco meu equilíbrio emocional. Perco a sincronia com o Espírito.

Quando isso acontece, eu reinicio. Começo novamente. Dessa vez, de forma lenta...

Desacelere.

> *Respire.*
>
> *Volte para o momento.*
>
> *Receba o bom como presente...*

Por mais divertido que tenha sido escrever este livro, a verdade é que não existe solução milagrosa, um aplicativo fantástico, uma fórmula universal. Essas quatro práticas? São exatamente isso, práticas. Os passos seguintes para ir adiante em uma jornada para a vida toda, em que você nunca "chega lá".

Mas se sua jornada for parecida com a minha, vai parecer que são três passos para a frente e dois para trás. Isso é normal; e até saudável. O importante é continuar. Seja a tartaruga, e não a lebre do provérbio. Quando errar, comece de novo.

Um ano depois que voltei de meu sabático, ensinei sobre a carta de Paulo aos tessalonicenses. Após três meses lendo essa carta curta, uma frase em particular continuou me assombrando. Alguma coisa nela ficou impressa em meu cérebro; e se tornou meu manifesto.

Esforcem-se para ter uma vida tranquila.[10]

Fui atingido pela justaposição das palavras de Paulo.

A palavra "esforçar" próxima à palavra "tranquila".

Essas duas palavras soam como inimigas, e não amigas.
Quando ouço a palavra *esforço*, geralmente penso em pressa
(ou em seu novo sinônimo: "agitação"); tudo isso vem com um
tipo de vida motivado, carreirista. Imagino a mais nova
celebridade empreendedora ou o profissional com personalidade
tipo A — motivados em serem bem-sucedidos, mesmo que isso lhes
custe a alma.

Mas Paulo diz para nos esforçarmos — usarmos nossa energia e
a motivação que *todos* temos, em determinado nível — para algo
completamente diferente: uma vida tranquila.

Esse é o objetivo, o fim, a visão de sucesso: uma vida tranquila.

De todos os adjetivos à disposição, Paulo escolheu *tranquila*.

Não *barulhenta*.

Nem *importante*.

Nem mesmo *impactante*.

Simplesmente tranquila.

A frase de Paulo me lembra o conselho de longa data de Santo Inácio
de Loyola (fundador da ordem dos Jesuítas):

Tente manter sua alma sempre em paz e tranquila.[11]

Sorrio toda vez que leio Inácio; adoro que ele tenha dito "tente". Como se ele soubesse que falharíamos, diariamente. Como se ele soubesse que a jornada da realidade para a possibilidade é muito longa. De quem somos para quem temos o potencial de sermos quando crescermos e amadurecermos. Do convite de Jesus "Sigam-me" e tomem o jugo suave até a frase de Paulo quando ele está morrendo: "Está próximo o tempo da minha partida. Combati o bom combate".[12]

Viver uma vida tranquila em um mundo barulhento é uma batalha, uma guerra de atrito, uma rebelião pacífica contra o *status quo*.

Como em qualquer combate, a morte está implícita. Assim como o sacrifício. Eu tive que morrer para quem eu poderia ter me tornado se tivesse continuado no caminho de movimento para o topo. Mesmo agora existem raros momentos em que eu penso: *"E se?"*

Tive que fazer as pazes com que eu sou. E com quem eu *não* sou.

Tive que abrir mão da inveja, da fantasia, da inquietação cancerosa.

Para aceitar com gratidão: esta é minha vida.

Há uma morte nisso tudo, de verdade. Mas, no reino cruciforme, somente as coisas ruins morrem: imagem, status e os direitos de se gabar, tudo vaidade. Mais importante ainda: a morte é sempre seguida da ressurreição.

Busque uma vida fácil e sua vida real será marcada por angústia e frustração que consomem; busque um jugo suave e, como John Ortberg disse certa vez: "Sua capacidade de lidar com tarefas difíceis, na verdade, aumentará".[13]

O difícil não é seguir a Jesus. O difícil é seguir a mim mesmo, viver a vida do meu jeito; esse é o caminho para a exaustão. Com Jesus, ainda há um jugo, um peso na vida, mas é um jugo suave, e nunca o carregamos sozinhos.

Mas precisamos lutar por esse jugo suave para carregar uma vida difícil. Você está pensando *"Argh"*. *"Eu não quero lutar; eu quero férias"*. Mas a verdade é que a luta não é opcional. A biologia evolutiva e a teologia cristã concordam nesse ponto: a vida é uma luta. A questão é simplesmente: Por que você luta? Por sobrevivência do mais apto? Por alguma perversão do sonho norte-americano? Ou por algo melhor?

Caso você se aliste na guerra contra a pressa, lembre-se do que está em jogo. Você não está lutando apenas por uma vida boa, mas por uma *alma* boa.

Então, caro leitor e amigo, você, assim como eu, deve tomar uma decisão. Não apenas quando sua própria crise de meia-idade ou bifurcação na estrada chegar (*vai* chegar), mas todos os dias.

Como você vai viver?

Nos anos vindouros, o mundo provavelmente irá de rápido para mais rápido, mais apressado, com menos alma, mais rápido, "enganando e sendo enganado".[14] Você cruzará essa estrada? Seguirá a mesma antiga história, exausta e sem criatividade da pressa, da ocupação e da vida barulhenta, materialista e cheia de propagandas? Tentando colocar um pouco de Jesus enquanto navega pela vida? Indo à igreja quando der? Orando quando der tempo? Basicamente se colocando à frente da matilha de lobos?

Ou...

Você se lembrará de que existe outra estrada, outro caminho? Pegará a próxima saída para o caminho estreito? Alterará radicalmente o ritmo de sua vida e tomará o jugo suave de Jesus?

Quando falhar, comece novamente. Dessa vez, de forma lenta.

Este livro é tanto uma pergunta quanto uma resposta. Mais do que isso, é um convite, de um convidado para outro.

"Venham a mim (...) Encontrarão descanso para suas almas."

Eu digo sim.

E você?

Um brinde ao jugo suave.

**Irmãos, insistimos
com vocês (...) esforcem-se
para ter uma
vida tranquila.**

**– Paulo em
1 Tessalonicenses 4:10,11**

Como desacelerar

Ideias são apenas o começo. Até que se movam da mente para o corpo, elas não se tornam realidade. Para isso, fiz um pequeno livro de exercícios para que você inicie cada uma das quatro práticas.

Está disponível em:
https://johnmarkcomer.com/blog/unhurry [conteúdo em inglês]

Notas

Prólogo: Autobiografia de uma epidemia

1. Isso foi antes de seu retorno como John Wick. Não que eu tenha assistido a esse filme. Seria muito não-como-Jesus de minha parte...

2. Gosto de definir *mega* como "uma programação (1) centrada no domingo, (2) dirigida com personalidade e (3) dirigida ao consumidor". Você pode fazer uma igreja ser assim com 2 mil, 200 ou 20 pessoas.

3. Originalmente, essa ideia é de Peter Scazzero; ela está neste livro e serviu como base para minha vida e nossa igreja de maneira muito profunda. Vou fazer muitas referências a ele nas páginas seguintes. SCAZZERO, Peter. *Igreja Emocionalmente Saudável.* p. 20.

4. Para as pessoas de Portland, a Twenty-Third costumava ser legal. Estou revelando minha idade, mas lembro quando a Urban Outfitters abriu. Foi um acontecimento. Acredite em mim.

5. Han, Byung-Chul. *Sociedade do Cansaço.* p. 51.

6. Lipovetsky, Gilles. *Os Tempos Hipermodernos.*

7. Mateus 11;28–30. (a versão da Bíblia utilizada neste livro é a NVI)

8. Mateus 11;30.

9. Hebreus 1;9.

Pressa: A grande inimiga da vida espiritual

1. Todos os livros de John Ortberg são ótimos, mas estes são dois dos meus preferidos: *Eternity Is Now in Session: A Radical Rediscovery of What Jesus Really Taught About Salvation, Eternity, and Getting to the Good Place.* Carol Stream, IL: Tyndale, 2018; e *Soul Keeping: Caring for the Most Important Part of You.* Grand Rapids, MI: Zondervan, 2014.

2. Por favor, largue este livro e vá comprar o de Dallas Willard e leia-o: *A Renovação do Coração: Assuma o Caráter de Cristo.*

3. Por qual livro você começa? Ah, que pergunta difícil. Esta é a obra-prima do Dallas Willard: *A Conspiração Divina*. E este é o livro mais influente que já li: *O Espírito das Disciplinas*. Mas estes dois são os mais difíceis de ler: *A Grande Omissão* (o mais fácil de ler, faz um ótimo trabalho ao capturar a essência de sua mensagem de vida); e *Renovation of the Heart: Putting On the Character of Christ. Carol Stream*, IL: NavPress, 2002. (é a melhor leitura; nele você encontra todo o trabalho de Willard) Escolha sua aventura!

4. Estou parafraseando essa pergunta com base no título do excelente livro de John Ortberg: *Sendo Quem Eu Quero Ser*. Ele é muito, muito bom.

5. Essa história também pode ser encontrada na página 20 do livro: ORTBERG, John. *Soul Keeping: Caring for the Most Important Part of You*. Grand Rapids, MI: Zondervan, 2014. Aliás, é um livro precioso. Eu o leio todo verão. Parafraseei um pouco a linguagem dele, mas a citação de Willard é verbatim.

6. ZIGARELLI, Michael. "Distracted from God: A Five-Year, Worldwide Study", *Christianity 9 to 5*, 2008. Disponível em: http://www.christianity9to5.org/distracted-from-god/.

7. Veja Marcos 12:28-31. Jesus cita os dois mandamentos: o primeiro de Deuteronômio 6:4,5; e o segundo de Levítico 19:18.

8. 1 Coríntios 13:4.

9. KOYAMA, Kosuke. *Three Mile an Hour God*. Maryknoll, NY: Orbis, 1980. p. 7.

10. Lento. *Grande Dicionário Houaiss* (versão eletrônica).

11. Padre Walter Adams, citado em: FADLING, Alan. *An Hurried Life*: *Following Jesus' Rhythms of Work and Rest.* Downers Groves, IL: InterVarsity Press, 2013, p. 94.

12. ROLHEISERR, Ronald. *The Holy Longing*: *The Search for a Christian Spirituality.* New York: Random House, 2014. p. 31-33. O outro livro dessa série — *Sacred Fire*: *A Vision for a Deeper Human and Christian Maturity.* New York: Random House, 2014 — é um de meus livros favoritos de todos os tempos. É inteiramente sobre o discipulado aos 30 e 40 anos e é uma leitura obrigatória para todos nessa faixa etária que seguem Jesus.

13. ELIOT, T. S. *Burnt Norton*, *Quatro Quartetos.*

14. ORTBERG, John. *The Life You've Always Wanted*: *Spiritual Disciplines for Ordinary People.* Grand Rapids, MI: Zondervan, 2002. p. 38-39. Eu simplesmente adoro a escrita de Ortberg. Todos os seus livros são bons, mas esse é um dos melhores.

15. Lucas 10:41-42.

16. Essa frase é do livro: SCAZZERO, Peter. *Espiritualidade Emocionalmente Saudável: desencadeie uma Revolução em Sua Vida em Cristo.* É um dos livros mais importantes que já li. Leio todo verão sem falta.

Uma breve história sobre a velocidade

1. A *Enciclopédia Britannica* estima que o primeiro relógio solar usado pelos romanos foi montado em 290 a.C., e um foi projetado para a cidade e construído, aproximadamente, em 164 a.C. Disponível em: https://www.britannica.com/technology/sundial.

2. GÉLIO, Aulo. *The Complete Works of Aulus Gellius*: *Attic Nights.* East Sussex, UK: Delphi Classics, 2016. Atribuí essas linhas ao dramaturgo cômico romano Plauto.

3. HONORE, Carl. *Devagar: Como um Movimento Cultural Está Desafiando o Culto da Velocidade.* p. 22.

4. LE GOFF, Jacques. *Time, Work, and Culture in the Middle Ages.* Tradução de Arthur Goldhammer. Chicago: University of Chicago Press, 1980. p. 44.

5. BOORSTIN, Daniel J. *Os Descobridores.*

6. CURRY, Arwen. How Electric Light Changed the Night, *KQED*, 2015. Disponível em: https://www.kqed.org/science/26331/how-electric-light-changed-the-night.

7. ANDERSON, Kerby.*Technology and Social Trends*: *A Biblical Point of View.* Cambridge, OH: Christian Publishing, 2016. p. 102.

8. Em minha defesa, um estudo disse que os norte-americanos trabalham 137 horas por ano a mais do que os japoneses, 260 horas por ano a mais do que os britânicos e 499 horas a mais por ano do que os franceses. Veja: WECKESSER, Stacy, "Americans Are Now Working More Hours Than Any Country in the World". *Blue Water Credit*, 2015. Disponível em: https://bluewatercredit.com/americans-now-working-hours-country-world/.

9. MISHEL, Lawrence. "Vast Majority of Wage Earners Are Working Harder, and for Not Much More: Trends in U.S. Work Hours and Wages over 1979-2007", *Economy Policy Institute*, 2013. Disponível em: https://www.epi.org/publication/ib348-trends-us-work-hours-wages-1979-2007/.

10. BELLEZZA, Silvia; PAHARIA, Neeru; KEINAN, Anat. "Research: Why Americans Are So Impressed By Busyness", *Harvard Business Review*, 2016. Disponível em: https://hbr.org/2016/12/research-why-americans-are-so-impressed-by-busyness.

11. SULLIVAN, Andrew. "I Used to Be a Human Being". *New York Times Magazine*, 2016. Disponível em: https://nymag.com/intelligencer/2016/09/andrew-sullivan-my-distraction-sickness-and-yours.html.

12. Para uma leitura fascinante sobre 2007 e quanto exatamente mudou, leia: FRIEDMAN, Thomas L. *Obrigado pelo atraso*: *um guia otimista para sobreviver em um mundo cada vez mais veloz.*

13. CARR, Nicholas. *A Geração Superficial*: *O Que a Internet Está Fazendo com os Nossos Cérebros.*

14. NAFTULIN, Julia. "Here's How Many Times We Touch Our Phones Every Day", *Business Insider*, 2016. Disponível em: https://www.businessinsider.com/dscout-research-people-touch-cell-phones-2617-times-a-day-2016-7.

15. PAUL, Kari. "Millenials Waste Five Hours a Day Doing This One Thing", *New York Post,* 2017, Disponível em: https://nypost.com/2017/05/18/millennials- waste-five-hours-a-day-doing- this-one-thing/.

16. WINNICK, Michael; ZOLNA, Robert. "Putting a Finger on Our Phone Obsession: Mobile Touches: A Study on Humans and Their Tech", *dscout* (blog), 2016. Disponível em: https://blog.dscout.com/mobile-touches.

17. MEYER, Robinson. "Your Smartphone Reduces Your Brainpower, Even If It's Just Sitting There: A Silent, Powered-Off Phone Can Still Distract the Most Dependent Users", *Atlantic*, 2017. Disponível em: https://www.theatlantic.com/technology/archive/2017/08/a-sitting-phone-gathers-brain-dross/535476/.

18. Acesse: www.tristanharris.com; ou ouça sua TED talk: *Tristan Harris: Do Our Devices Control More Than We Think?*, 2017, TED Radio Hour. Disponível em: https://www.wnyc.org/story/tristan-harris-do-our-devices-control-more-than-we-think/.

19. ALLEN, Mike. "Sean Parker Unloads on Facebook: 'God Only Knows What It's Doing to Our Children's Brains'", *Axios*, 2017. Disponível em: https://www.axios.com/sean-parker-unloads-on-facebook-god-only-knows-what-its-doing-to-our-childrens-brains-1513306792-f855e7b4-4e99-4d60-8d51-2775559c2671.html.

20. MCSPADDEN, Kevin. "You Now Have a Shorter Attention Span Than a Goldfish", *Time,* 2015. Disponível em: https://time.com/3858309/attention-spans-goldfish/.

21. Essa ideia vem do excelente post deste blog: GORDIN, Seth. "When Your Phone Uses You", *Seth's Blog* (blog), 2016. Disponível em: https://seths.blog/2016/12/when-your-phone-uses-you/.

22. Ouça o "Teach Us to Pray — Week 2" do meu amigo Jon Tyson, da Church of the City New York. Disponível em: https://www.youtube.com/watch?v=Jb0vxXZuqek. Sua tese: "Distraction leads to disillusionment; attention leads to adoration".

23. Essa citação é do artigo fantástico de Paul Lewis: "'Our Minds Can Be Hijacked': The Tech Insiders Who Fear a Smartphone Dystopia", *Guardian*, 2017. Disponível em: https://www.theguardian.com/technology/2017/oct/05/smartphone-addiction-silicon-valley-dystopia.

24. STONE, Linda. *Continuous Partial Attention*: *What Is Continuous Partial Attention?* Disponível em: https://lindastone.net/qa/continuous-partial-attention/.

25. DOCTOROW, Cory. "Writing in the Age of Distraction", *Locus Magazine*, 2009. Disponível em: http://www.locusmag.com/Features/2009/01/cory-doctorow-writing-in-age-of.html.

26. HUXLEY, Aldous. *Admirável Mundo Novo*.

27. SCHWARTZ, Tony. "Addicted to Distraction", *New York Times*, 28 de novembro de 2015. Disponível em: https://www.nytimes.com/2015/11/29/opinion/sunday/addicted-to-distraction.html.

28. POSTMAN, Neil. *Tecnopólio: A Rendição da Cultura à Tecnologia*. p. 185.

Algo está profundamente errado

1. Até onde sei, essa história foi contada pela primeira vez no livro: COWMAN, Lettie. *Springs in the Valley*. Grand Rapids, MI: Zondervan, 1968. Mas é mais conhecida em: O'DONOHUE, John. *Anam Cara*: um livro de sabedoria celta. Sua citação é: "Nós nos movemos depressa demais para chegar até aqui; agora precisamos esperar para dar uma chance aos nossos espíritos para nos alcançar." Honestamente, não tenho certeza da precisão dessa história. Mas, ficção ou não, há verdade nela.

2. SWORD, Rosemary K. M.; ZIMBARDO, Philip. "Hurry Sickness: Is Our Quest to Do All and Be All Costing Us Our Health?", *Psychology Today*, 2013, Disponível em: https://www.psychologytoday.com/us/blog/the-time-cure/201302/hurry-sickness.

3. FRIEDMAN, Meyer; ROSENMAN, Ray H. *Type A Behavior and Your Heart*. New York: Knopf, 1974. p. 33.

4. FRIEDMAN, Meyer; ROSENMAN, Ray H. *O Tipo A - Seu Comportamento e Seu Coração*. p. 42.

5. SWORD; ZIMBARDO. *Hurry Sickness*. Disponível em: https://www.psychologytoday.com/us/blog/the-time-cure/201302/hurry-sickness.

6. Essa lista é minha adaptação de: BARTON, Ruth Haley. *Strengthening the Soul of Your Leadership*. Downers Grove, IL: InterVarsity Press, 2018. Um livro excelente. Eis a lista de Barton completa: "irritabilidade ou hipersensibilidade", "inquietação", "trabalhar demais e de forma compulsiva", "torpor emocional", "comportamentos de escapismo", "desconexão de nossa identidade e de nosso chamado", "inabilidade em responder às necessidades humanas", "acumular energia" e "lapso em nossas práticas espirituais".

7. Se faz você se sentir melhor, a primeira vez em que fiz o autoinventário de Barton, marquei 9 de 9. Ou seja, preciso ser internado imediatamente, para desintoxicar.

8. APA PUBLIC Opinion Poll: Annual Meeting 2018, *American Psychiatric Association*. https://www.psychiatry.org/newsroom/apa-public-opinion-poll-annual-meeting-2018.

9. MERTON, Thomas. *Conjectures of a Guilty Bystander*. New York: Doubleday, 1966. p. 81. Foi escrito há mais de 50 anos.

10. MULLER, Wayne. *Sabbath*: *para Encontrar Repouso, Rejuvenescimento e Prazer na nossa Vida Agitada*. São Paulo: Pensamento, 2002.

11. OLIVER, Mary. *Upstream Selected Essays*. New York: Penguin, 2016, da "Section One: Upstream". Ela disse aquilo no fim de um ensaio sobre a natureza, mas acho que se encaixa em todos os relacionamentos — com a terra, as pessoas e, acima de tudo, com Deus.

12. Mateus 6:21.

13. Ortberg, John. *A Vida Que Você Sempre Quis*, p. 79.

14. Irvine, William. *A Guide to the Good Life*: *The Ancient Art of Stoic Joy*. New York: Oxford University Press, 2009.

15. Marcos 8:36.

Dica: A solução não é mais tempo

1. Meus três preferidos são: MCKEOWN, Greg. *Essencialismo*: *a disciplinada busca por menos*; MILLBURN, Joshua Field; NICODEMUS, Ryan. *Essential*: *Essays by the Minimalists*. Missoula, MT: Asymmetrical Press, 2015; e Newport, Cal. *Trabalho Focado,* Alta Books, 2018.

2. Gênesis 1:27.

3. Gênesis 2;7.

4. Por melhor que eles sejam — amo todos vocês! Tem outro livro que eu adoro: SCAZZERO, Peter. *A Igreja Emocionalmente Saudável*: *Uma Estratégia de Discipulado que Realmente Transforma Vidas*. Ele tem um capítulo exatamente sobre isto: aceitar suas limitações.

5. Gênesis 3:5.

6. 1 Coríntios 13:9.

7. Oséias 4:6.

8. Tiago 4:14.

9. João 21:22.

10. Ele disse isso em seu podcast: *The Emotionally Healthy Leader*. Nunca perdi um episódio. SCAZZERO, Peter. *Six Marks of a Church Culture That Deeply Changes Lives*: Part 1, 2019.

Disponível em: https://www.emotionallyhealthy.org/podcast/detail/Six-Marks-of-a-Church-Culture-that-Deeply-Changes-Lives-Part-1/?v=19d3326f3137.

11. Mateus 5:3.

12. Mateus 5-7.

13. LAMOTT, Anne. *Operating Instructions*: *A Journal of My Son's First Year*. New York: Anchor, 2005. p. 84–85.

14. THOREAU, Henry David. *Walden*. Os primeiros capítulos são *de ouro*; depois há uma pontificação sem fim sobre árvores. Gosto muito de árvores, mas...

15. ZIMBARDO, Philip. *The Demise of Guys*: *Why Boys Are Struggling and What We Can Do About It*. self-pub, Amazon Digital Services, 2012. Ou leiam um resumo simples da pesquisa: LUTZ, Ashley. "Porn and Video Games Are Ruining the Next Generation of American Men", *Business Insider*, 2012. Disponível em: https://www.businessinsider.com/the-demise-of-guys-by-philip-zimbardo-2012-5.

16. Essa citação e as estatísticas anteriores são do artigo excelente: CHU, Charles. "The Simple Truth Behind Reading 200 Books a Year", 2017. Disponível em: https://observer.com/2017/01/the-simple-truth-behind-reading-200-books-

a-year/. Fato curioso: se uma pessoa passasse, em média, as 3.442,5 horas anuais que gasta em redes sociais e TV lendo livros, ela chegaria a ler mais de 1.600 livros por ano. É apenas um comentário.

17. Efésios 5:15,16.

18. Essas traduções são, respectivamente, da Tradução Brasileira, Nova Almeida Atualizada e Nova Tradução na Linguagem de Hoje.

O segredo do jugo suave

1. João 10:10.

2. Romanos 1:16.

3. Mateus 4:19.

4. Mateus 11:28-30.

5. PETERSEN, Anne Helen. "How Millennials Became the Burnout Generation", *BuzzFeed*, 2019. Disponível em: https://www.buzzfeednews.com/article/annehelenpetersen/millennials-burnout-generation-debt-work.

6. WILLARD, Dallas. *O Espírito das Disciplinas*. Rio de Janeiro: Danprewan, 2003. Esse livro é uma joia. Eu o leio com frequência.

7. PETERSON, Eugene H. *The Jesus Way*: *A Conversation on the Ways That Jesus Is the Way*. Grand Rapids, MI: Eerdmans, 2007. p. 4. Só o capítulo de abertura vale o preço da entrada.

8. BRUNER, Frederick Dale. *Matthew*: A Commentary, Volume 1: The Christbook, Matthew 1–12. Grand Rapids, MI: Eerdmans, 2004. p. 538. O comentário de Bruner é uma obra-prima.

9. Abrindo o jogo, essa frase foi roubada descaradamente de: ORTBERG, John. *Soul Keeping*: *Caring for the Most Important Part of You*. Grand Rapids, MI: Zondervan, 2014. Ele é tipo esse livro, só que melhor!

Estamos realmente falando sobre uma regra de vida

1. João 11:6,7.

2. Marcos 5:23.

3. Marcos 5:24;34.

4. SWENSON, Richard A. *Margin*: *Restoring Emotional, Physical, Financial, and Time Reserves to Overloaded Lives*. Colorado Springs: NavPress, 2004. p. 69.

5. Mateus 11:30.

6. João 15:1-8.

7. Mateus 6:33.

Intermissão: Espere, quais são as disciplinas espirituais mesmo?

1. Isso, e algumas coisas que a Reforma Protestante entendeu errado, assim como a *graça* ser antitética a qualquer tipo de esforço próprio, *lei* e *trabalho* se referirem a esforço próprio em geral, e não mais especificamente à Torá Judaica, e a redefinição de *bons trabalhos*, para significar, na verdade, "trabalhos ruins". Os reformadores acertaram em muita coisa, sou profundamente grato por isso. Entretanto, eles nunca terminaram. Mas isso é assunto para outro livro.

2. Mateus 5:19; 7:24.

3. 1 Coríntios 9:24-27.

4. Esse trecho é do livro: WILLARD, Dallas. *O Espírito das Disciplinas*. Sem dúvidas, o melhor livro que encontrei sobre o assunto.

Silêncio e solidão

1. MCSPADDEN, Kevin. "You Now Have a Shorter Attention Span Than a Goldfish", *Time*, 2015. Disponível em: https://time.com/3858309/attention-spans-goldfish/.

2. SULLIVAN, Andrew. "I Used to Be a Human Being", *New York Times Magazine*, 2016. Disponível em: https://nymag.

com/intelligencer/2016/09/andrew-sullivan-my-distraction-sickness-and-yours.html.

3. ROLHEISER, Ronald. *The Holy Longing: The Search for a Christian Spirituality.* New York: Random House, 2014. p. 32.

4. Mateus 3:17.

5. Mateus 4:1-3.

6. Marcos 1:35.

7. Marcos 1:36,37.

8. Tudo bem, não sou o Eugene Peterson.

9. Marcos 1:38.

10. Marcos 6:31.

11. Marcos 6:31.

12. Marcos 6:32.

13. Marcos 6:33-35.

14. Marcos 6:45-47.

15. Lucas 5:15,16.

16. Veja seu poema "Entering into Joy".

17. CLÍMACO, São João. *Escada do Céu.* p. 135.

18. Eis a citação completa de *Cartas de um Diabo a Seu Aprendiz*, de C. S. Lewis (lembre-se, é um demônio escrevendo, então tudo é o oposto): "Música e silêncio — como detesto ambos! Devemos ser muito gratos porque, desde que Nosso Pai chegou ao Inferno — apesar de ter mais tempo do que humanos, que pensam em anos-luz, poderiam expressar —, nenhum centímetro quadrado de espaço infernal e nenhum momento de tempo infernal foi rendido a nenhuma dessas forças abomináveis, mas tudo tem sido ocupado pelo Barulho — Barulho, o grande dinamismo, a expressão audível de tudo o que é exultante, implacável e viril —, Barulho que, sozinho, nos defende de vertigens bobas, escrúpulos desesperados e desejos impossíveis. Transformaremos o universo inteiro em um barulho no fim. Já demos grandes passos nessa direção no que diz respeito à Terra. As melodias e os silêncios do Paraíso serão gritados no fim. Mas admito que ainda não somos barulhentos o suficiente, ou algo assim. Estamos ainda pesquisando".

19. FOSTER, Richard J. *Celebração da Disciplina: O Caminho do Crescimento Espiritual.* p. 96.

20. A maior exceção a isso é o que São João da Cruz e outros chamam de "a noite escura da alma". É quando praticamos todas as disciplinas espirituais, mas, durante uma fase, não sentimos a presença de Deus. Se você está nesse tipo de noite escura, então leia o livro de São João: *Noite Escura da Alma*. Ou então leia: *The Dark*

Night of the Soul: A Psychiatrist Explores the Connection Between Darkness and Spiritual Growth. New York: HarperCollins, 2004. O livro de Gerald May sobre o livro de São João, que, em minha noite escura, achei ainda mais útil.

21. NOUWEN, Henri. *Tudo Se Fez Novo.* p. 69, 71. Seu trabalho honesto sobre silêncio e solidão, sua promessa e dificuldade, é incrível.

22. NOUWEN, Henri. *Direção Espiritual.* p. 5.

23. Marcos 6:31.

24. João 8:31.

25. Uma frase linda da obra prima de Thomas R. Kelly: *Um Testamento de Devoção.* p. 100.

26. SULLIVAN, Andrew. "I Used to Be a Human Being", *New York Magazine*, 2016. Disponível em: https://nymag.com/intelligencer/2016/09/andrew-sullivan-my-distraction-sickness-and-yours.html

Sabático

1. Eclesiastes 1:8.

2. Esse seria nosso amigo Mick Jagger cantando com os Rolling Stones "(I Can't Get No) Satisfaction", em 1965.

3. RAHNER, Karl. *Servants of the Lord.* New York: Herder and Herder, 1968. p. 152.

4. DE HIPONA, Santo Agostinho. *Confissões de Santo Agostinho.* p. 43.

5. WILLARD, Dallas. *Life Without Lack: Living in the Fullness of Psalm 23.* Nashville: Nelson, 2018. Esse é seu livro mais novo (publicado depois de sua morte) de uma série de palestras que ele deu em sua igreja. É muito mais fácil de ler do que seus outros livros. Eu o li três vezes ano passado. É bom mesmo.

6. MULLER, Wayne. *Sabbath: Para Encontrar Repouso, Rejuvenescimento e prazer em Nossa Vida Agitada.* p. 10.

7. Hebreus 4:11.

8. BRUEGGEMANN, Walter. *Sabbath as Resistance: Saying No to the Culture of Now.* Louisville, KY: Westminster John Knox Press, 2014. p. 107.

9. Marcos 2: 27.

10. A menos que você tenha crescido como Adventista do Sétimo Dia, ou em uma das poucas denominações ocidentais que valorizam o sábado.

11. SWOBODA, A. J,. *Subversive Sabbath: The Surprising Power of Rest in a Nonstop World. Grand Rapids*, MI: Brazos, 2018. p. 5. Esse é meu livro favorito de A. J e um dos meus preferidos sobre o Sabático.

12. Para aqueles que estão pirando agora por causa dos "seis dias", eis minhas duas recomendações de livros: WALTON, John H. *The Lost World of Genesis One*: *Ancient Cosmology and the Origins Debate*. Downers Grove, IL: InterVarsity, 2009; e SAILHAMER, John H. *Genesis Unbound*: *A Provocative New Look at the Creation Account*. Colorado Springs: Dawson Media, 1996. Os meus preferidos sobre essa discussão.

13. Gênesis 2:2,3.

14. SWOBODA, *Subversive Sabbath*, 11.

15. SULLIVAN, Bob. "Memo to Work Martyrs: Long Hours Make You Less Productive", *CNBC*, 2015. Disponível em: https://www.cnbc.com/2015/01/26/working-more-than-50-hours-makes-you-less-productive.html.

16. ALLENDER, Dan. *Sabbath*. Nashville: Thomas Nelson, 2009. p. 4–5.

17. Gênesis 1:22.

18. Gênesis 1:28.

19. BUXTON, Ryan. "What Seventh-Day Adventists Get Right That Lengthens Their Life Expectancy", *HuffPost*, 2014. Disponível em: https://www.huffpostbrasil.com/entry/seventh-day-adventists-life-expectancy_n_5638098?ri18n=true.

20. Outra informação engraçada: uma lenda diz que os pioneiros que praticavam o Sabático na Oregon Trail chegaram lá antes daqueles que não o faziam.

21. Êxodo 19:6.

22. Êxodo 20:8.

23. Êxodo 20:9,10.

24. PETERSON, Eugene H. *The Pastor*: *A Memoi*r. New York: HarperOne, 2011. p. 220. É meu livro preferido dele.

25. Êxodo 20:11. Eu na verdade pulei a parte do meio; a ordem verbatim é ainda maior.

26. Essa parte é de Deuteronômio 5:12-14. A maior parte do material depois daqui foi inspirada pelo *Sabbath as Resistance*, do Walter Brueggemann, que é absolutamente fenomenal.

27. Deuteronômio 5:15.

28. Êxodo 1:11.

29. HARRIS, Alexander. "U.S. Self-Storage Industry Statistics", *SpareFoot*, 2018. Disponível em: https://www.sparefoot.com/self-storage/news/1432-self-storage-industry-statistics/. Essas estatísticas são de 2018 e tinham projeção de crescimento.

30. MCCALLEM, Jon. "The Self-Storage Self", *New York Times Magazine*, 2009. Disponível em: https://www.nytimes.com/2009/09/06/magazine/06self-storage-t.html.

31. Esse é o número que falam, mas é uma discussão muito grande, e é difícil achar. Eis um estudo legítimo que, na verdade, fala de mais de 40 milhões: "Global Estimates of Modern Slavery", *International Labour Organization and Walk Free Foundation*, 2017, 5. Disponível em: http://www.ilo.org/wcmsp5/groups/public/@dgreports/@dcomm/documents/publication/wcms_575479.pdf.

32. "GLOBAL Wealth Pyramid: Decreased Base", *Credit Suisse Research Institute*, 2018. Disponível em: https://www.credit-suisse.com/about-us-news/en/articles/news-and-expertise/global-wealth-pyramid-decreased-base-201801.html.

33. BRUEGGEMANN, *Sabbath as Resistance*, p. 101. Uma leitura muito divertida.

34. Salmos 23:1.

35. ROLHEISER, Ronald. *Forgotten Among the Lilies*: *Learning to Love Beyond Our Fears*. New York: Doubleday, 2004. p. 16.

36. Confissão: estraguei esse. Inquietação é um grande tema nos livros de Rolheiser. Essa segunda citação é de um de meus livros preferidos dele: *The Shattered Lantern*: *Rediscovering a Felt Presence of God*. New York: Crossroad, 2005.

37. BRUEGGEMANN. *Sabbath as Resistance*, p. 107.

Simplicidade

1. Lucas 12:15.

2. No mesmo ensinamento: Lucas 12:33.

3. Mateus 6:25,33.

4. Marcos 4:19.

5. Mateus 19:24.

6. 1 Timóteo 6:19.

7. Ele usa essa frase constantemente, mas sua obra mais conhecida é: *Simulacra and Simulation*: *The Body, in Theory*:

Histories of Cultural Materialism. Ann Arbor, MI: University of Michigan Press, 1994.

8. Mateus 6:24. Tudo bem, estou tomando liberdades aqui. A NVI traduz corretamente para "dinheiro"; versões mais antigas usam "mamon".

9. Citado por Jeremy Lent em: *The Patterning Instinct: A Cultural History of Humanity's Search for Meaning*. New York: Prometheus Books, 2017. p. 380. (Observação: esse é o princípio da ideia de negócios de obsolescência programada, comum atualmente, também conhecida como o motivo pelo qual você quer um iPhone novo *todo* outono.)

10. MULLER, Wayne. *Sabbath: Para Encontrar Repouso, Rejuvenescimento e Prazer na Nossa vida Agitada*. p. 130. Peguei essa e a citação de Cowdrick em: *The Century of the Self*, um documentário impressionante da BBC de 2002, do Adam Curtis. Você pode assisti-lo gratuitamente no YouTube: https://www.youtube.com/watch?time_continue=9&v=eJ3RzGoQC4s.

11. ALDER, Margot. "Behind the Ever-Expanding American Dream House", *NPR*, 2006. Disponível em: https://www.npr.org/templates/story/story.php?storyId=5525283?storyId=5525283.

12. Presidente George W. Bush, em 11 de outubro de 2001, Bush Shopping Quote, C-SPAN video clip. Disponível em: https://www.c-span.org/video/?c4552776/user-clip-bush-shopping-quote.

13. Esses anúncios são de uma simples pesquisa no Google por "advertising in the 1800s" (publicidade em 1800).

14. Para uma visão geral de sua história, leia: BERNAYS, Edward. *Propaganda*; ou assista ao documentário da BBC: *The Century of Self*.

15. BERNAYS, Edward. *Propaganda*. p. 1.

16. 4 mil é o número que muitas pessoas usam, mas é difícil saber, porque muito disso depende de quanto você assiste à TV e quanto tempo passa no celular. Eis um ótimo resumo da pesquisa: SANDERS, Bryce. "Do We Really See 4,000 Ads a Day?", *The Business Journals*, 2017. Disponível em: https://www.bizjournals.com/bizjournals/how-to/marketing/2017/09/do-we-really-see-4-000-ads-a-day.html. Independentemente de qual seja o número, ele é muito alto.

17. TWAIN, Mark. *More Maxims of Mark*. Privately printed, 1927.

18. EASTERBROOK, Gregg. *The Progress Paradox*: *How Life Gets Better While People Feel Worse*. New York: Random House, 2003. p. 163.

19. 1 Timóteo 6:8.

20. ROBISON, Jennifer. "Happiness Is Love — and $75,000", *Gallup*, 2011. Disponível em: https://news. gallup.com/businessjournal/150671/ happiness-is-love-and-75k.aspx.

21. FOSTER, Richard J. *A Liberdade da Simplicidade*: *Encontrando Harmonia num Mundo Complexo*. p. 215.

22. DE GRAAF, John; WANN, David; NAYLOR, Thomas. *Affluenza*: *How Overconsumption Is Killing Us—and How to Fight Back*. San Francisco: Berrett-Koehler, 2014. O melhor que posso dizer é que a palavra *affluenza* foi usada pela primeira vez em 1954 e ganhou foça em um documentário do PBS com o mesmo nome em 1997. Você pode achar mais informações sobre o programa da PBS em: http://www.pbs.org/kcts/affluenza/.

23. Salmos 39:6.

24. FADLING, Alan. *An Unhurried Life*: *Following Jesus' Rhythms of Work and Rest*. Downers Grove, IL: InterVarsity Press, 2013. p. 48. Achei esse livro depois de ter terminado o primeiro rascunho do meu livro e comecei a rir. É basicamente o meu livro, só que mais esperto e melhor. Se este livro fizer sentido para você, eu o encorajo a ler o livro de Fadling depois.

25. Novamente, Thomas R. Kelly em: *Um Testamento de Devoção*, p. viii.

26. Uma leitura fascinante sobre o desaparecimento da moral e do conhecimento espiritual de nossa cultura é: WILLARD, Dallas. *Conhecendo a Cristo Hoje*. É sobre como a moralidade e a espiritualidade saíram do domínio do conhecimento para o domínio da opinião e do sentimento em nossa cultura e o quão irremediavelmente falsa é essa visão secular da realidade.

27. Atos 20:35.

28. Mateus 6:24.

29. Lucas 12:15.

30. PALAHNIUK, Chuck. *Clube da Luta*. Sim, sei que esse livro é vulgar e rude. Ele também foi escrito por um autor de Portland e é um dos melhores livros que já li, então o justifico de alguma forma. E não, nunca assisti ao filme.

31. Mateus 6:19-21.

32. Mateus 6:22,23.

33. Mateus 6:24.

34. ROHR, Richard. *Adam's Return: The Five Promises of Male Initiation.* New York: Crossroad, 2016.

35. Mateus 6:25.

36. KONDO, Marie. *A mágica da arrumação: a Arte Japonesa de Colocar Ordem na Sua Casa e na Sua Vida.* Não sou contra a organização. Li o livro da Marie Kondo, assim como milhões de outros norte-americanos com um monte de porcaria em seus armários e adorei. Mas, por mais que existam implicações sobre o minimalismo nele, não é um livro sobre o assunto. É um livro sobre organização.

37. BECKER, Joshua. *Clutterfree with Kids: Change Your Thinking, Discover New Habits, Free Your Home.* Becoming Minimalist, 2014, p. 31.

38. FOSTER. *A Liberdade da Simplicidaty,* p. 8.

39. SCANDRETTE, Mark. *Free: Spending Your Time and Money on What Matters Most.* Downers Grove, IL: InterVarsity Press, 2013. p. 37.

40. THOREAU, Henry David. *Walden.* p. 51–52.

41. KELLEY, C. F. *The Spiritual Maxims of St. Francis de Sales.* Harlow, UK: Longmans, Green, 1954.

42. Os minimalistas, de novo. MILLBURN, Joshua Fields; NICODEMUS, Ryan. *Essential: Essays by the Minimalists.* Missoula, MT: Asymmetrical, 2015.

43. KONDO, Marie. *Isso me traz alegria: Um Guia Ilustrado da Mágica da Arrumação.*

44. BECKER, Joshua. *The More of Less: Finding the Life You Want Under Everything You Own.* Colorado Springs, CO: WaterBrook, 2016. p. 87.

45. CENSKY, Annalyn. Americans "Make Up Half of the World's Richest 1%", *CNN Money,* 4 de janeiro de 2012. Disponível em: https://money.cnn.com/2012/01/04/news/economy/world_richest/index.htm.

46. 1 Timóteo 6:17-19. Acho que vale a pena memorizar isso. Ou pelo menos colar em algum lugar que você veja com frequência.

47. Lucas 8:1-3.

48. Mateus 11:19.

49. João 19:23.

50. FOSTER. *A Liberdade da Simplicidade,* p. 58.

51. Veja, por exemplo, Mateus 5-7; ao longo de todo o Sermão da Montanha, Jesus termina cada ensinamento com uma prática — deixe sua oferta ali, diante do altar, e vá primeiro reconciliar-se (5:24) caminhe mais uma milha com o soldado romano (5:41), lave seu rosto e ponha óleo em sua cabeça quando estiver jejuando (6:17) etc.

52. BOYD, Robynne. "One Footprint at a Time", *Scientific American* (blog), 2011. Disponível em: https://blogs.scientificamerican.com/plugged-in/httpblogsscientificamericancomplugged-in20110714one-footprint-at-a-time/.

53. Para essas estatísticas, assista a um documentário espantoso sobre o assunto: *The True Cost*, Life Is My Movie Entertainment, 2015. Disponível em: https://truecostmovie.com/. Fizemos uma sessão desse filme em nossa igreja. É uma área da justiça social em que ainda precisamos de muita conscientização.

54. MORRIS, William. *William Morris on Art and Socialism*. North Chelmsford, MA: Courier Corporation, 1999. p. 53.

55. De Tertuliano. E também, "Vocês romanos não têm nada em comum a não ser suas esposas". Bum.

56. O melhor que encontrei e que é especificamente cristão está em: SCANDRETTE, Mark. *Free*. É um recurso fenomenal para colocar as ideias deste capítulo em prática.

57. Eclesiastes 2:24.

58. Percebeu o que eu fiz? Citei Richard Foster tantas vezes neste capítulo que tenho que dar uma misturada e chamá-lo de Quaker, para que você não perceba que estou citando a mesma pessoa inteligente várias e *várias* vezes. FOSTER, Richard J. *Celebração da Disciplina*: *O Caminho do crescimento Espiritual*. p. 92.

59. *Mais uma* citação de Richard Foster em *A Liberdade da Simplicidade*, 72. Leia!

60. Essa ideia ótima é de: WILLARD, Dallas. *A Grande Omissão*. É uma boa introdução às ideias de Willard, especialmente se você não lê muito. É o menor livro dele.

61. Filipenses 4:13.

62. Filipenses 4:11,12.

63. SCHLESINGER, Arthur M. *Os Ciclos da História Americana*. p. 27.

64. Essa frase é usada por todo o *Eclesiastes*, começando em 1:14.

Desacelerando

1. Para esclarecer, existe um sentido em que espontaneidade e flexibilidade são saudáveis e úteis na jornada espiritual, especialmente à medida em que envelhecemos. Algum dia existirá um livro sobre espiritualidade ativa e passiva, a segunda metade da vida, envelhecer e a definição de Henri Nouwen de maturidade como "ser levado aonde você preferiria não ir". NOUWEN, Henri. *In the Name of Jesus: Reflections on Christian Leadership*. New York: Crossroad, 1989. Algum dia…

2. MCGONIGAL, Jane. *SuperBetter: The Power of Living Gamefully*. New York: Penguin, 2016.

3. David Zach, citado por Richard A. Swenson. *Margin: Restoring Emotional, Physical, Financial, and Time Reserves to Overloaded Lives*. Colorado Springs, CO: NavPress, 2004. p. 112.

4. Vamos começar um movimento, que tal? Não precisamos de hashtag. Apenas diga "Estou praticando a disciplina espiritual de desacelerar" na próxima conversa perto do bebedouro.

5. ORTBERG, John. *A Vida Que Você Sempre Quis*. p. 83.

6. Quando Jesus ensina sobre as disciplinas espirituais em Mateus 6, ele menciona três pelo nome — oração, jejum e caridade —, o que a maior parte dos rabinos do século I ensinavam; eram as três disciplinas espirituais centrais.

7. Salmos 34:8.

8. Já está ultrapassado agora, mas ainda vale a pena ser lido: KNAPP, Jake. "My Year with a Distraction-Free iPhone (and How to Start Your Own Experiment)", *Time Dorks*, 2014. Disponível em: https://medium.com/make-time/my-year-with-a-distraction-free-iphone-and-how-to-start-your-own-experiment-6ff74a0e7a50.

9. DUERSON, Meena Hart. "We're Addicted to Our Phones: 84% Worldwide Say They Couldn't Go a Single Day Without Their Mobile Device in Their Hand", *New York Daily News*, 2012. Disponível em: https://www.nydailynews.com/life-style/addicted-phones-84-worldwide-couldn-single-day-mobile-device-hand-article-1.1137811.; e Gorges, Mary. "90 Percent of Young People Wake Up with Their Smartphones", *Ragan*, 2012. Disponível em: https://www.ragan.com/90-percent-of-young-people-wake-up-with-their-smartphones/.

10. KOBLIN, John. "How Much Do We Love TV? Let Us Count the Ways", *New York Times*, 2016. Disponível em: https://www.nytimes.com/2016/07/01/business/media/nielsen-survey-media-viewing.html.

11. KOBLIN, John. "How Much Do We Love TV? Let Us Count the Ways", *New York Times*, 2016. Disponível em: https://www.nytimes.com/2016/07/01/business/media/nielsen-survey-media-viewing.html.

12. RAPHAEL, Rina. "Netflix CEO Reed Hastings: Sleep Is Our Competition: For Netflix, the Battle for Domination Goes Far Beyond Which TV Remote to Pick Up", *Fast Company*, 2017. Disponível em: https://www.fastcompany.com/40491939/netflix-ceo-reed-hastings-sleep-is-our-competition.

13. HAN, Byung-Chul. *Sociedade do Cansaço*.

14. BRUEGGEMANN, Walter. *Sabbath as Resistance*: *Saying No to the Culture of Now*. Louisville, KY: Westminster John Knox Press, 2014. p. 67.

15. Esse seria Sócrates.

16. COMER, John Mark. "Silence & Solitude: Part 1, The Basics", *Practicing the Way*. Disponível em: https://practicingtheway.org/silence-solitude/week-one.

17. KELLER, Timothy. *Oração*: *Experimentando Intimidade com Deus*.

18. GARDNER, Marilyn. "The Ascent of Hours on the Job", *Christian Science Monitor,* 2005. Disponível em: https://www.csmonitor.com/2005/0502/p14s01-wmgn.html.

19. SHAKERI, Sima. "8 Days Is the Perfect Vacation Length, Study Says", *HuffPost*, 2017. Disponível em: https://www.huffingtonpost.ca/2017/09/15/8-days-is-the-perfect-vacation-length-study-says_a_23211082/.

Epílogo: Uma vida tranquila

1. Essa frase ficou muito conhecida por meio do AA, mas é baseada em "Serenity Prayer", de Reinhold Niebuhr. "5 Timeless Truths from the Serenity Prayer That Offer Wisdom in the Modern Age", HuffPost, 6 dez. 2017. Disponível em: https://huffingtonpost.com/2014/03/18/serenity-prayer-wisdom_n _4965139.html.

2. LAWRENCE, Brother. The Practice of the Presence of God. Eastford, CT: Martino Fine Books, 2016.

3. De uma de minhas leituras favoritas de todos os tempos: LAUBACH, Frank. Letters by a Modern Mystic. Colorado Springs: Purposeful Design Publications, 2007. p. 15. Não é bem um livro, é apenas uma pequena coleção de 45 páginas de anotações de diário e cartas. Vale a leitura.

4. LEWIS, C. S. The Complete C. S. Lewis Signature Classics. San Francisco: HarperOne, 2002. p. 155.

5. STAFFORD, William. You Reading This, Be Ready. In: _____. Ask Me: 100 Essential Poems. Minneapolis, MN: Graywolf Press, 2014

6. "5 Timeless Truths".

7. Veja as bem-aventuranças de Mateus 5:3–12: "Bem-aventurados os que…", e não "Bem-aventurados os que quando…"

8. Salmo 23:6.

9. FRIEDMAN, Edward H. A Failure of Nerve: Leadership in the Age of the Quick Fix. New York: Church Publishing, 2017. p. 247. Isso é mencionado diversas vezes ao longo do livro de Friedman.

10. 1 Tessalonicenses 4:11.

11. Jesuit Spiritual Center, em Milford. Disponível em: https://jesuitspiritual-center.com/ignatian-spirituality.

12. 2 Timóteo 4:6–7.

13. ORTBERG, John. Soul Keeping: Caring for the Most Important Part of You. Grand Rapids, MI: Zondervan, 2014, p. 126.

14. 2 Timóteo 3:13.

Obrigado por ler *Elimine a Pressa Definitivamente*.

Algumas coisas sobre mim...

Eu moro e trabalho em Portland, Oregon, com minha esposa, T, e nossos três filhos.

Sou pastor de ensino e visão na Bridgetown Church. Nossa igreja foi construída em torno da ideia bastante simples de seguir o caminho de Jesus, juntos, em Portland.

Quanto à minha educação, tenho mestrado em estudos bíblicos e teológicos pelo Western Seminary e estou fazendo doutorado em formação espiritual pelo Fuller Seminary e Dallas Willard Center.

Você é bem-vindo para seguir meus ensinamentos por meio do podcast da Bridgetown Church ou pelo canal *This Cultural Moment*, um podcast que apresento com meu amigo Mark Sawyers sobre como seguir Jesus no mundo pós-cristão.

Saiba mais em: johnmarkcomer.com [conteúdo em inglês]

Projetos corporativos e edições personalizadas
dentro da sua estratégia de negócio. Já pensou nisso?

Coordenação de Eventos
Viviane Paiva
viviane@altabooks.com.br

Contato Comercial
vendas.corporativas@altabooks.com.br

A Alta Books tem criado experiências incríveis no meio corporativo. Com a crescente implementação da educação corporativa nas empresas, o livro entra como uma importante fonte de conhecimento. Com atendimento personalizado, conseguimos identificar as principais necessidades, e criar uma seleção de livros que podem ser utilizados de diversas maneiras, como por exemplo, para fortalecer relacionamento com suas equipes/ seus clientes. Você já utilizou o livro para alguma ação estratégica na sua empresa?

Entre em contato com nosso time para entender melhor as possibilidades de personalização e incentivo ao desenvolvimento pessoal e profissional.

PUBLIQUE SEU LIVRO

Publique seu livro com a Alta Books.
Para mais informações envie um e-mail para: autoria@altabooks.com.br

 /altabooks   /alta-books   /altabooks   /altabooks

CONHEÇA OUTROS LIVROS DA **ALTA BOOKS**

Todas as imagens são meramente ilustrativas.

Este livro foi impresso nas oficinas gráficas da Editora Vozes Ltda.,
Rua Frei Luís, 100 – Petrópolis, RJ.